## はじめに



本書は、世界最大のニュース専門メディアCNN
を20本選りすぐって収録したものです。1本は、集中力を切らさずに聞き通せる、30秒ほどの長さになっています。

ダウンロード方式でご提供するMP3音声には、CNNの放送そのものである「ナチュラル音声」のほか、ナレーターがゆっくり読み直した音声が「ポーズ（無音の間）入り」と「ポーズなし」で収められています。これら3パターンの音声を使ってリスニング練習を行うと、世界標準のニュース英語がだれでも聞き取れるようになるはずです。[30秒×3回聞き] 方式と本書が呼ぶこのリスニング練習には、通訳者養成学校でも採用されているサイトトランスレーションや区切り聞き、シャドーイングといった学習法が取り入れられているからです。

日本語訳を見て英語に戻す「反訳」を行うことで、発信型の練習もできます。

巻頭に「3つの効果的な学習法」および「本書の構成と使い方」という記事があるので、実際の練習に入る前に目を通しておくことをお勧めします。

なお、アメリカ英語（カナダ英語を含む）、イギリス英語、オーストラリア英語のニュースがバランスよく配分されていることも本書の特長です。発信地も、アメリカはもとより、フランス、台湾、韓国、日本など多彩ですから、最後まで興味深く聞き進められるでしょう。

TOEIC®テスト形式の問題や発音の解説、重要ボキャブラリーやニュースの関連情報なども掲載されています。活用し、より正確な理解の助けとしてください。

また、本書のご購入者にはMP3音声と併せて電子書籍版(PDF)も無料で提供させていただきます。入手方法は巻末にありますので、ご覧ください。

最後に、本書収録のコンテンツは月刊英語学習誌『CNN English Express』の記事・音声を再編集したものであることをお知らせしておきます。新鮮なニュースと役立つ学習情報満載の雑誌は、本書と並行してご使用いただいても有益です。

2023年3月

『CNN English Express』編集部

## CONTENTS

# 目次

本書は「30秒×３回聞き」方式を採用しています。これによって、だれでも世界標準の英語ニュースが聞き取れるようになるはずです。

「30秒×３回聞き」方式とは、30秒という集中力が途切れない長さのニュースを、３種類の音声で聞くというものです。そのためダウンロード方式でご提供するMP3音声には、各ニュースが「ナチュラル音声」、「ゆっくり音声（ポーズ入り）」、「ゆっくり音声（ポーズなし）」という３種類で収録されています。また、文字としてもそれらに対応する形の英文が掲載されています。

これらの音声や英文は、ただ単に聞いたり読んだりするのではなく、以下に示すサイトトランスレーション、区切り聞き、シャドーイングという３つの学習法と結びつけることで高い効果を生むようになっています。

## ❶速読能力が高まるサイトトランスレーション

俗に「サイトラ」と呼ばれます。英語でつづるとsight translationです。sightは、名詞として「視力、視覚」、形容詞として「見てすぐの、初見での」という意味を持ちます。目にしたところからすぐに訳していくのがsight translationです。

サイトラの練習では、英文を頭から語順通りに目で追い、情報・意味の区切り目と思われる個所にスラッシュ（／）を書き入れ、区切られた部分をすぐに訳します。それを英文の最後まで次々と繰り返すのですが、こうした訳し方を「順送りの訳」と呼ぶこともあります。

なお、英文をどのくらい細かく区切るか、どこを情報・意味の区切り目としてスラッシュを入れるかは人それぞれでよく、絶対的なルールがあるわけではありません。

**利点・効能**｜サイトラを行うと、書かれた英文がその語順通りに理解できるようになり、自然と「速読」に結びつきます。そして、英文を素早く理解できるようになるということは、英文を英文としてそのまま理解できるということにつながっていきます。また、「読んで分からないものは聞いても分からない」という原則に従えば、サイトラの速読能力が「区切り聞き」で養う速聴能力の土台になるといえます。

**本書での学習法**｜本書では、各ニュースに、普通の英文とスラッシュで区切られた英文、およびそれらの訳文を掲載しています。まずはスラッシュで区切られた英文を順番にどんどん訳していき、掲載の訳文で正しく理解できたか確認しましょう。

本書で示されたスラッシュの入れ方や訳文はあくまで一例です。これに従ってしばらく練習しているとサイトラのやり方が感覚的につかめてきますので、やり方が分かったら、普通の英文を自分なりの区切り方で訳してみると、よい練習になります。また、区切られた日本語訳の方を見ながら順番に英語に訳していく「反訳」(日→英サイトトランスレーション)を行うと、英語での発信能力が格段に向上します。

**練習のポイント** | サイトラはなるべく素早く行うことが大切です。英文は「読んだ端から消えていくもの」くらいに考えて、次々と順送りの訳をこなしていきましょう。そうしているうちに読むスピードが速くなるはずですし、区切り聞きにもつながります。

## ❷速聴能力が高まる区切り聞き

サイトラをリスニングのトレーニングに応用したのが、「区切り聞き」と呼ばれる学習法です。サイトラでは英語が目から入ってきましたが、区切り聞きでは英語が耳から入ってくることになります。

区切り聞きの場合、英文にスラッシュを入れる代わりに、情報・意味の区切り目と思われる個所でオーディオプレーヤーを一時停止させ、すぐに訳します。その部分を訳し終えたら再び音声を先に進め、同様の作業を繰り返していきます。

**利点・効能** | 区切り聞きを行うと、話された英文がその語順通りに理解できるようになり、自然と「速聴」に結びつきます。そして、英文を素早く理解できるようになるということは、英文を英文としてそのまま理解できるということにつながっていきます。

**本書での学習法** | だれでも英語ニュースが聞き取れるようになるよう、本書では区切り聞き練習を重視しています。ご提供するMP3音声に収録されている「ゆっくり音声(ポーズ入り)」を利用することで、オーディオプレーヤーを自分でいちいち一

時停止させる面倒がなくなり、区切り聞きがしやすくなっています。ポーズ（無音の間）の位置はサイトラのスラッシュと同じにしてありますが、ポーズで区切られた部分を素早く訳していきましょう。

MP3音声には、各ニュースが「ナチュラル音声」、「ゆっくり音声（ポーズ入り）」、「ゆっくり音声（ポーズなし）」の順番で入っています。まずは「ナチュラル音声」を聞いて全体の内容を推測し、次に「ゆっくり音声（ポーズ入り）」を使った区切り聞きで部分ごとに順番に理解できるようになり、その後「ゆっくり音声（ポーズなし）」で全体を頭から素早く理解していくことができるかどうか試してみてください。

なお、最後には、全ニュースのナチュラル音声だけを集めて、もう一度収録してあります。これらを頭から素早く理解していけるようになるのが最終目標です。

**練習のポイント** ｜ 音声は流れる端から消えていってしまいます。英文を後ろから前に戻って理解するなどということはできないため、耳に入った文を瞬時に理解する英語力と集中力が求められます。このトレーニングによってリスニング力は必ず向上するので、集中力を高める訓練をするつもりで挑戦してみましょう。

特にニュースを聞く場合、背景知識があると情報がすんなりと頭に入りますから、日ごろからいろいろな記事について興味を持っておくことも大切です。本書には「ニュースのミニ知識」や「ワンポイント解説」が掲載されているので、役立ててください。

英文は論理的と言われますが、特にニュースでは、全体の起承転結の流れはもちろん、ひとつのセンテンスの中でも、「①だれ（何）が ②だれ（何）に対して ③何を ④いつ ⑤どこで」という情報がかなり秩序だって含まれています。このような情報を意識して聞くと、リスニングも楽になります。

## ❸総合力を養うシャドーイング

シャドーイングは英語でshadowingとつづります。shadowという語には動詞として「影のように付いていく」という意味がありますが、学習法としてのシャドーイングは、聞こえてくる英語音声を一歩後から追いかけるようにリピートしていくものです。オリジナルの英語音声に遅れないように付いていく様子が「影」のようなので、こう名づけられました。

**利点・効能** | シャドーイングは、今聞いた音声をリピートしながら、同時に次の音声のリスニングも行うというものなので、アウトプットとインプットの同時進行になります。そのため同時通訳のトレーニングとして普及しましたが、一般の英語学習者にも有益であることがいろいろな研究で認められています。

通常のリスニング練習は学習者が音声を聞くだけ、すなわち受動的なやり方であるのに対し、シャドーイングは学習者の参加を伴うもの、いわば能動的な学習法です。この能動的な学習法は、受動的なものに比べ、よりいっそう集中力を高める訓練になり、リスニング力を向上させます。また、正しい発音やイントネーションを身につける訓練にもなり、ひいてはスピーキング力を高めるのにも役立ちます。

**本書での学習法** | シャドーイングは難易度の高い学習法なので、「ナチュラル音声」でいきなり練習するのではなく、最初は「ゆっくり音声（ポーズなし）」を利用するのがよいでしょう。それでも難しいと感じる人も多いでしょうから、「ゆっくり音声（ポーズ入り）」から始めるのも一案です。ポーズが入った音声を用いるのは本来のシャドーイングとは違うという考え方もありますが、無理をして挫折することのないよう、できることから始めてください。

**練習のポイント** | シャドーイングでは、流れてくる音声を一字一句リピートしなければならないため、ひとつひとつの単語に神経を集中するあまり、文全体の意味を把握できなくなることがよくあります。きちんと論旨を追いながらトレーニングすることが大切です。

ただし、区切り聞きのように日本語に順次訳していこうと思ってはいけません。英語を正確に聞き取り、正確な発音とイントネーションでリピートしようとしているときに、頭の中に日本語を思い浮かべていては混乱するだけだからです。シャドーイングには、区切り聞きから一歩進んで、英語を英語のまま理解する力が必要になってきます。

もしも英語でのシャドーイングがどうしても難しすぎるという場合は、まず日本語でシャドーイングする練習から始めてみましょう。

**本書では各ニュースに2見開き(4ページ)ずつ割り振ってありますが、それぞれの見開きは以下のように構成されています。**

### パターンA

### ❶ MP3音声のトラック番号

ダウンロード方式でご提供するMP3音声には、各ニュースが「ナチュラル音声」、「ゆっくり音声（ポーズ入り）」、「ゆっくり音声（ポーズなし）」という3種類で収録されています。また、MP3音声の最後には、全ニュースのナチュラル音声だけを集めて、もう一度収録してあります。これらのうち「ゆっくり音声（ポーズ入り）」を除いたトラック番号が最初の見開きに示されています。「ゆっくり音声（ポーズ入り）」のトラック番号は次の見開きにあります。
なお、「ナチュラル音声」はCNNの放送そのままですが、「ゆっくり音声」は学習用にプロのナレーターが読み直したものです。

### ❷ アクセント

「ナチュラル音声」のアクセント、すなわちCNNキャスターのアクセントを表しています。本書は、アメリカ英語（カナダ英語を含む）のニュース10本、イギリス英語（南アフリカ英語を含む）のニュース5本、オーストラリア英語のニュース5本をピックアップし、アクセント別に構成してあります。これらのアクセントはTOEIC® L&Rテストのリスニングセクションにも採用されているので、受験対策としても役立ちます。
なお、「ゆっくり音声」のナレーターは基本的にアメリカ英語です。

### ❸ ニュースのトランスクリプト

「ナチュラル音声」で30秒前後の短いCNNニュースのトランスクリプト（音声を文字化したもの）です。重要ボキャブラリーで取り上げている語には色をつけてあります。

### ❹ リスニングのポイント

このニュースに見られる音の変化や発音の特徴などが解説されています。アメリカ英語の最初のニュース2本およびイギリス英語とオーストラリア英語の最初のニュースだけに付いている記事です。

### ❺ ニュースの日本語訳

❸のトランスクリプトに対応した日本語訳です。

### ❻ 重要ボキャブラリー

各ニュースから5つずつ取り上げています。ニュースの文脈の中で使い方やニュアンスをつかみながら、ボキャブラリーを増やしていきましょう。なお、巻末には「ボキャブラリー・チェック」が付いていますので、復習に利用してください。

### ❼ ニュースのミニ知識

このニュースの背景や関連情報が記載されています。背景知識があると、英語を聞いたときに情報がすんなりと頭に入ります。

### ❽ ニュースの発信地

ニュースの舞台となっている国・地域または団体・組織などを示します。

## 最初の見開き

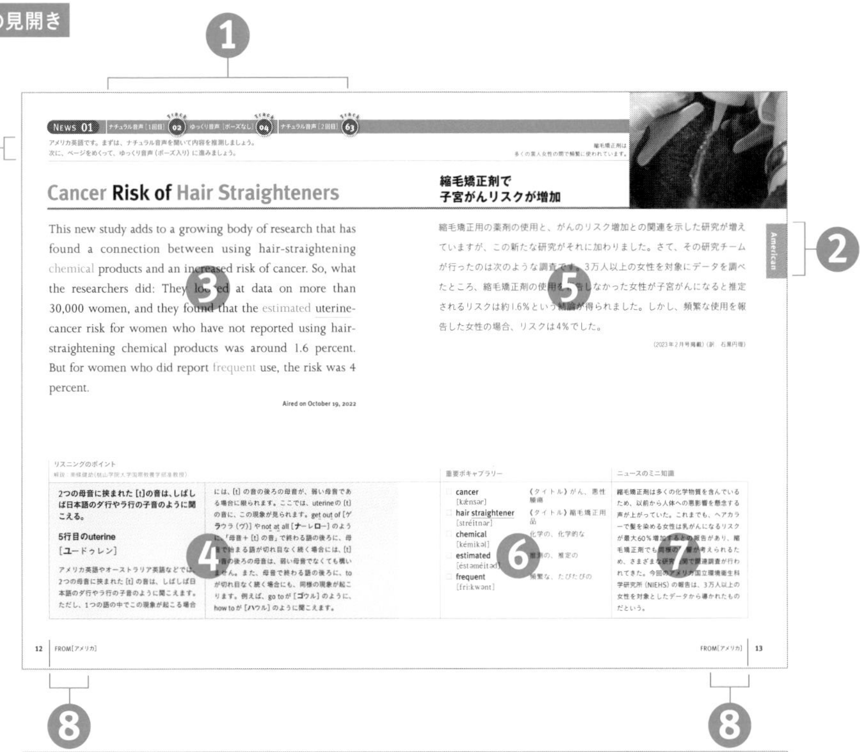


パターン
# A

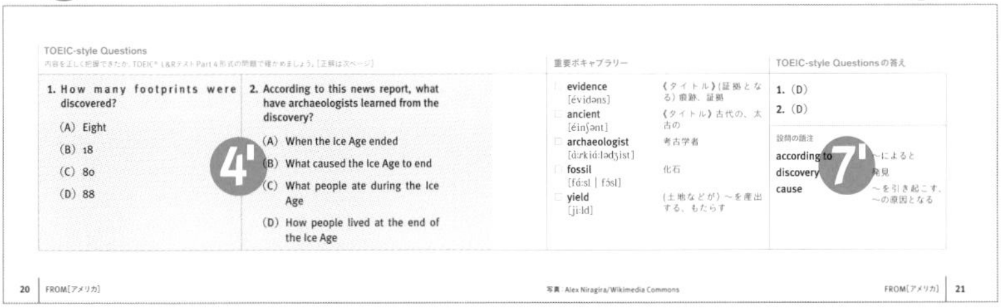


パターン
# B

### パターンB

### ❹' TOEIC-style Questions

ニュースの内容が理解できたかどうかを確かめる問題です。TOEIC®L&Rテスト Part 4と同じ4択形式です。全20本のニュースのうち、アメリカ英語の最初の2本とイギリス英語・オーストラリア英語の最初の各1本を除いた、16本のニュースに付いています。

### ❼' TOEIC-style Questionsの答え

❹'の問題の答えです。設問の語注も掲載されています。

## ❶ MP3音声のトラック番号

「ゆっくり音声（ポーズ入り）」のトラック番号が示されています。

## ❷ アクセント

「ゆっくり音声」のナレーターは基本的にアメリカ英語ですが、ここに示されているのは「ナチュラル音声」のアクセント、すなわちCNNキャスターのアクセントです。

## ❸ ニュースのトランスクリプト

トランスクリプト（音声を文字化したもの）にサイトトランスレーション用のスラッシュを入れ、そこで改行してあります。また、MP3音声の「ゆっくり音声（ポーズ入り）」では、スラッシュのところでポーズ（無音の間）が挿入されています。

このトランスクリプトや音声を利用して、サイトトランスレーションや区切り聞き、シャドーイングなどの練習をしましょう。やり方については「3つの効果的な学習法」のページ（pp.4-7）を参照してください。

## ❹ 語注

ニュース中の単語やイディオムなどをピックアップし、意味を示しました。前の見開きで「重要ボキャブラリー」に取り上げた語も、ここに再度記載しています。全ニュースの語注が巻末の「ボキャブラリー・チェック」にまとめられているので、復習に利用してください。

## ❺ ニュースの日本語訳

スラッシュで区切られた、❸のトランスクリプトに対応した日本語訳です。この日本語訳の方を見ながら順番に元の英語に訳していく「反訳」（日→英サイトトランスレーション）を行うと、英語での発信能力が格段に向上します。

## ❻ ワンポイント解説

分かりにくい個所の文法的な解説やニュースの関連知識など、ニュースをより正確に理解するのに役立つ情報が記載されています。

## 後の見開き

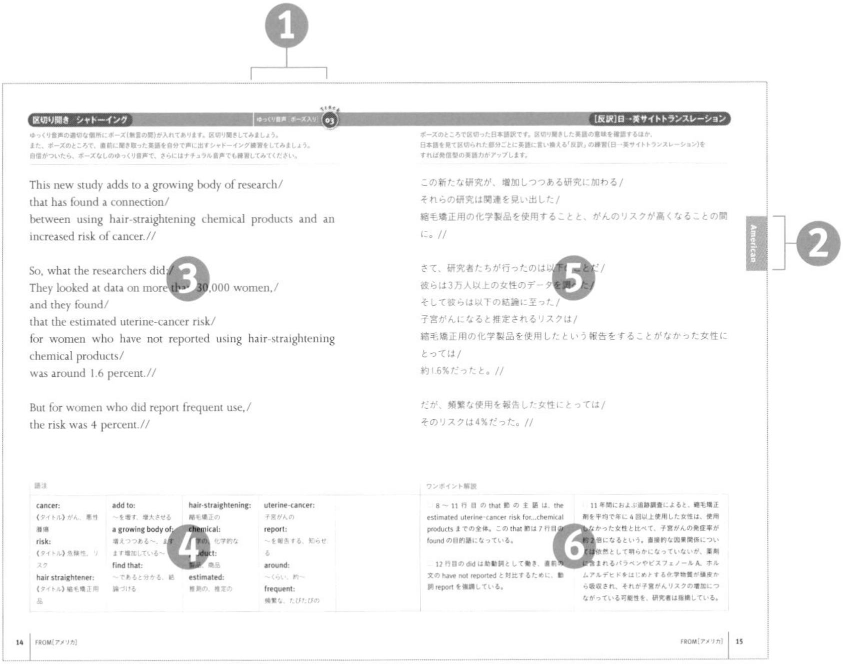


**次ページからニュースが始まります➡**

NEWS 01 | ナチュラル音声［1回目］Track 02 | ゆっくり音声［ポーズなし］Track 04 | ナチュラル音声［2回目］Track 63

アメリカ英語です。まずは、ナチュラル音声を聞いて内容を推測しましょう。
次に、ページをめくって、ゆっくり音声（ポーズ入り）に進みましょう。

# Cancer Risk of Hair Straighteners

This new study adds to a growing body of research that has found a connection between using hair-straightening chemical products and an increased risk of cancer. So, what the researchers did: They looked at data on more than 30,000 women, and they found that the estimated uterine-cancer risk for women who have not reported using hair-straightening chemical products was around 1.6 percent. But for women who did report frequent use, the risk was 4 percent.

Aired on October 19, 2022

### リスニングのポイント

解説：南條健助（桃山学院大学国際教養学部准教授）

**2つの母音に挟まれた［t］の音は、しばしば日本語のダ行やラ行の子音のように聞こえる。**

**5行目のuterine**

［**ユ**ードゥレン］

アメリカ英語やオーストラリア英語などでは、2つの母音に挟まれた［t］の音は、しばしば日本語のダ行やラ行の子音のように聞こえます。ただし、1つの語の中でこの現象が起こる場合には、［t］の音の後ろの母音が、弱い母音である場合に限られます。ここでは、uterineの［t］の音に、この現象が見られます。get out of［ゲ**ラ**ウラ（ヴ）］やnot at all［**ナ**ーレ**ロ**ー］のように、「母音＋［t］の音」で終わる語の後ろに、母音で始まる語が切れ目なく続く場合には、［t］の音の後ろの母音は、弱い母音でなくても構いません。また、母音で終わる語の後ろに、toが切れ目なく続く場合にも、同様の現象が起こります。例えば、go toが［**ゴ**ウル］のように、how toが［**ハ**ウル］のように聞こえます。

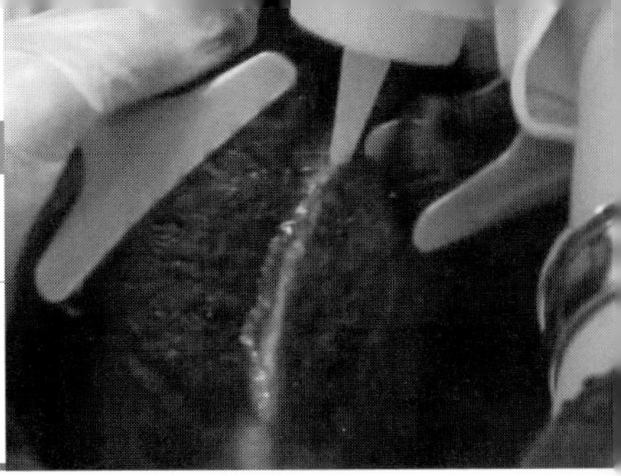

縮毛矯正剤は
多くの黒人女性の間で頻繁に使われています。

# 縮毛矯正剤で子宮がんリスクが増加



縮毛矯正用の薬剤の使用と、がんのリスク増加との関連を示した研究が増えていますが、この新たな研究がそれに加わりました。さて、その研究チームが行ったのは次のような調査です。3万人以上の女性を対象にデータを調べたところ、縮毛矯正剤の使用を報告しなかった女性が子宮がんになると推定されるリスクは約1.6%という結論が得られました。しかし、頻繁な使用を報告した女性の場合、リスクは4%でした。

（2023年2月号掲載）（訳　石黒円理）

### 重要ボキャブラリー

| | | |
|---|---|---|
| □ | **cancer** [kǽnsər] | 《タイトル》がん、悪性腫瘍 |
| □ | **hair straightener** [stréitnər] | 《タイトル》縮毛矯正用品 |
| □ | **chemical** [kémikəl] | 化学の、化学的な |
| □ | **estimated** [éstəmèitəd] | 推測の、推定の |
| □ | **frequent** [frí:kwənt] | 頻繁な、たびたびの |

### ニュースのミニ知識

縮毛矯正剤は多くの化学物質を含んでいるため、以前から人体への悪影響を懸念する声が上がっていた。これまでも、ヘアカラーで髪を染める女性は乳がんになるリスクが最大60％増加するとの報告があり、縮毛矯正剤でも同様の影響が考えられるため、さまざまな研究機関で関連調査が行われてきた。今回のアメリカ国立環境衛生科学研究所（NIEHS）の報告は、3万人以上の女性を対象としたデータから導かれたものだという。

## 区切り聞き／シャドーイング

ゆっくり音声［ポーズ入り］ Track 03

ゆっくり音声の適切な個所にポーズ（無言の間）が入れてあります。区切り聞きしてみましょう。
また、ポーズのところで、直前に聞き取った英語を自分で声に出すシャドーイング練習をしてみましょう。
自信がついたら、ポーズなしのゆっくり音声で、さらにはナチュラル音声でも練習してみてください。

This new study adds to a growing body of research/
that has found a connection/
between using hair-straightening chemical products and an increased risk of cancer.//

So, what the researchers did:/
They looked at data on more than 30,000 women,/
and they found/
that the estimated uterine-cancer risk/
for women who have not reported using hair-straightening chemical products/
was around 1.6 percent.//

But for women who did report frequent use,/
the risk was 4 percent.//

語注

**cancer:**
《タイトル》がん、悪性腫瘍
**risk:**
《タイトル》危険性、リスク
**hair straightener:**
《タイトル》縮毛矯正用品

**add to:**
～を増す、増大させる
**a growing body of:**
増えつつある～、ますます増加している～
**find that:**
～であると分かる、結論づける

**hair-straightening:**
縮毛矯正の
**chemical:**
化学の、化学的な
**product:**
製品、商品
**estimated:**
推測の、推定の

**uterine-cancer:**
子宮がんの
**report:**
～を報告する、知らせる
**around:**
～くらい、約～
**frequent:**
頻繁な、たびたびの

ポーズのところで区切った日本語訳です。区切り聞きした英語の意味を確認するほか、日本語を見て区切られた部分ごとに英語に言い換える「反訳」の練習(日→英サイトトランスレーション)をすれば発信型の英語力がアップします。



この新たな研究が、増加しつつある研究に加わる/
それらの研究は関連を見い出した/
縮毛矯正用の化学製品を使用することと、がんのリスクが高くなることの間に。//

さて、研究者たちが行ったのは以下のことだ/
彼らは3万人以上の女性のデータを調べた/
そして彼らは以下の結論に至った/
子宮がんになると推定されるリスクは/
縮毛矯正用の化学製品を使用したという報告をすることがなかった女性にとっては/
約1.6%だったと。//

だが、頻繁な使用を報告した女性にとっては/
そのリスクは4%だった。//

ワンポイント解説

□ 8～11行目のthat節の主語は、the estimated uterine-cancer risk for...chemical productsまでの全体。このthat節は7行目のfoundの目的語になっている。

□ 12行目のdidは助動詞として働き、直前の文のhave not reportedと対比するために、動詞reportを強調している。

□ 11年間におよぶ追跡調査によると、縮毛矯正剤を平均で年に4回以上使用した女性は、使用しなかった女性と比べて、子宮がんの発症率が約2倍になるという。直接的な因果関係については依然として明らかになっていないが、薬剤に含まれるパラベンやビスフェノールA、ホルムアルデヒドをはじめとする化学物質が頭皮から吸収され、それが子宮がんリスクの増加につながっている可能性を、研究者は指摘している。

**News 02** ナチュラル音声［1回目］Track 05 ゆっくり音声［ポーズなし］Track 07 ナチュラル音声［2回目］Track 64

アメリカ英語です。まずは、ナチュラル音声を聞いて内容を推測しましょう。
次に、ページをめくって、ゆっくり音声（ポーズ入り）に進みましょう。

# Baguette Listed as World Heritage

Well, the next time you grab a baguette, you'll be enjoying an official piece of French cultural heritage. This week, UNESCO added the long, crusty loaf to its lists of items that should be safeguarded and passed on to future generations. The French buy—get this—6 billion baguettes every year. France's bid to receive this designation included over 200 endorsements, letters from bakers, and children's drawings. Sadly, some French bakeries making baguettes are disappearing.

Aired on December 4, 2022

リスニングのポイント

解説：南條健助（桃山学院大学国際教養学部准教授）

**2つの子音に挟まれた［t］の音は、しばしば消える。**

**3行目のlists**

［**リ**スス］

2つの子音に挟まれた［t］の音は、しばしば消えます。ここでは、listsにおいて、2つの［s］の音に挟まれた［t］の音が消えて、lis's［**リ**スス］のように聞こえます。早い話し方では、1つの［s］の音しか聞こえず、［**リ**ス（ツ）］のように聞こえるかもしれません。ほかにも、costsがcos's［**カ**ース（ツ）］のように、giftsがgif's［**ギ**フス］のように、productsがproduc's［プ**ラ**ーダクス］のように、testsがtes's［**テ**ス（ツ）］のように聞こえます。factsもfac's［**ファ**ークス］のように聞こえ、faxと同じ発音になることがあります。また、「子音＋［t］の音」で終わる語の後ろに、子音で始まる語が切れ目なく続く場合にも、同様の現象が起こります。例えば、left meがlef' meのように、most peopleがmos' peopleのように聞こえます。

細長くて皮の硬いバゲットは
伝統的なフランスパンの一種です。

# フランスパンの「バゲット」が無形文化遺産に

さて、次にバゲットを手にするとき、みなさんは、公式に認められたフランスの文化遺産の一片を味わうことになります。今週、ユネスコ（国連教育科学文化機関）は、この細長くて皮の硬いパンを、保護して後世に受け継ぐべきもののリストに加えました。フランス人は――なんと――年間60億本もバゲットを買っています。今回の指定を受けるための努力の一環として、フランスは、賛同書やパン屋からの手紙や子どもたちの描いた絵など200点以上を提出しました。残念ながら、バゲットを作っているフランスのパン屋の中には廃業する店も出てきています。

（2023年4月号掲載）（訳　石黒円理）

### 重要ボキャブラリー

| | | |
|---|---|---|
| □ **world heritage** | [hérətidʒ] | 《タイトル》世界遺産、世界文化遺産 |
| □ **safeguard** | [séifgɑ̀ːrd] | ～を守る、保護する |
| □ **designation** | [dèzignéiʃən] | 指定、指名 |
| □ **endorsement** | [indɔ́ːrsmənt] | 支持、推薦 |
| □ **bakery** | [béikəri] | パン屋、ベーカリー |

### ニュースのミニ知識

2022年11月30日、ユネスコ（国連教育科学文化機関）がフランスのバゲットを無形文化遺産に登録することを決定した。バゲットとは小麦粉、水、塩、イースト菌の4つの材料から作られるパンで、代表的なフランスパンの一種として知られている。登録を推進した今回の一連の動きには、フランスにおいてバゲットを作るパン屋が急速に減少していることが背景にある。なお、ユネスコの世界遺産は無形文化遺産とは異なり、有形文化財を対象とする。

写真：Nicola/Wikimedia Commons

## 区切り聞き／シャドーイング

ゆっくり音声［ポーズ入り］ Track 06

ゆっくり音声の適切な個所にポーズ（無言の間）が入れてあります。区切り聞きしてみましょう。
また、ポーズのところで、直前に聞き取った英語を自分で声に出すシャドーイング練習をしてみましょう。
自信がついたら、ポーズなしのゆっくり音声で、さらにはナチュラル音声でも練習してみてください。

Well, the next time you grab a baguette,/
you'll be enjoying an official piece of French cultural heritage.//

This week,/
UNESCO added the long, crusty loaf/
to its lists of items that should be safeguarded and passed on to future generations.//

The French buy—/
get this—/
6 billion baguettes every year.//

France's bid to receive this designation/
included over 200 endorsements, letters from bakers, and children's drawings.//
Sadly, some French bakeries making baguettes are disappearing.//

### 語注

**baguette:**
《タイトル》バゲット
**world heritage:**
《タイトル》世界遺産、世界文化遺産
**the next time (that):**
次に～であるとき

**grab:**
～をさっと手に取る、つかむ
**crusty:**
（パンなどの）皮が硬い、パリッとした
**loaf:**
（パンなどの）ひとかたまり、ローフ

**safeguard:**
～を守る、保護する
**pass A on to B:**
AをBに手渡す、伝える
**get this:**
《話》（これから言うことを）よく聞け、なんと
**bid to do:**
～するための努力、手段

**designation:**
指定、指名
**endorsement:**
支持、推薦
**baker:**
パン職人、パン屋の主人
**bakery:**
パン屋、ベーカリー

## [反訳]日→英サイトトランスレーション

**ポーズのところで区切った日本語訳です。区切り聞きした英語の意味を確認するほか、日本語を見て区切られた部分ごとに英語に言い換える「反訳」の練習(日→英サイトトランスレーション)をすれば発信型の英語力がアップします。**



さて、次にみなさんがバゲットを手にするときには/
公式なフランスの文化遺産の一片を味わうことになる。//

今週/
ユネスコ(国連教育科学文化機関)はこの細長くて皮の硬いパンを加えた/
保護され、これからの世代に受け継がれていくべき品目に関するユネスコのリストに。//

フランス人は買う――/
なんと――/
毎年60億本のバゲットを。//

今回の指定を受けるためのフランスの努力には/
推薦書やパン屋からの手紙や子どもたちの描いた絵など200点以上を含んでいた。//
悲しいことに、バゲットを作るフランスのパン屋の一部は消えつつある。//

### ワンポイント解説

□5行目でlistsと複数形になっているのは、ユネスコが管轄する複数の世界遺産リストの一部になった、という意味から。しかし厳密には、今回バゲットが登録されたのは「無形文化遺産」のリストだけである。

□13行目のmaking baguettesは後ろからbakeriesを修飾している。すなわち、bakeries that/which make baguettesということ。

□バゲットを作るパン屋は、1970年にはフランスに5万5000軒あるとされていた。しかし、現在では3万5000軒あまりに減少したという。遺産登録活動の中心的人物であったフランス全国ブーランジェリー・パティスリー連盟会長のドミニク・アンラクト氏は、「今後はパン屋という職業が再認識され、この職業に就こうという若者が増えることを期待している」と語っている。

NEWS 03 ナチュラル音声［1回目］ Track 08 ゆっくり音声［ポーズなし］ Track 10 ナチュラル音声［2回目］ Track 65

アメリカ英語（厳密にはカナダ英語）です。まずは、ナチュラル音声を聞いて内容を推測しましょう。
次に、ページをめくって、ゆっくり音声（ポーズ入り）に進みましょう。

# New Evidence about Ancient Humans

Recently discovered footprints from the end of the Ice Age are shedding new light on North America's earliest humans. Eighty-eight fossilized footprints were located in Utah. Archaeologists stumbled on the fossils last month and are now gaining insight into how hunter-gatherers lived more than 12,000 years ago. The same area has also yielded stone tools, campfire remains, and evidence of tobacco use.

Aired on August 12, 2022

**TOEIC-style Questions**

内容を正しく把握できたか、TOEIC® L&RテストPart 4形式の問題で確かめましょう。［正解は次ページ］

**1. How many footprints were discovered?**

(A) Eight

(B) 18

(C) 80

(D) 88

**2. According to this news report, what have archaeologists learned from the discovery?**

(A) When the Ice Age ended

(B) What caused the Ice Age to end

(C) What people ate during the Ice Age

(D) How people lived at the end of the Ice Age

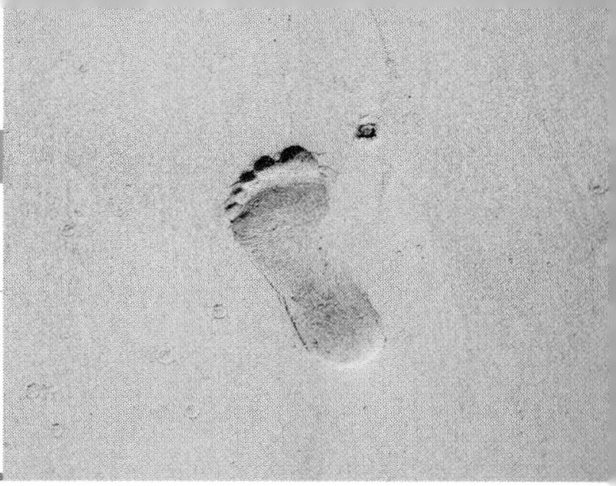

氷河期末期の人類の足跡が
米国ユタ州で発見されました。

# 氷河期人類の足跡、米国で「偶然」発見！



最近発見された氷河期末期の足跡が、北米最古の人類に関した新たな手掛かりとなってます。88個の化石化した足跡がユタ州で発見されました。考古学者たちは、先月それらの化石を偶然発見したのですが、現在、1万2000年以上前の狩猟採集民たちがどのように生活していたかについて、うかがい知ろうとしています。同じ地域からは石器、たき火の痕跡、たばこを使っていた形跡なども見つかっています。

（2022年12月号掲載）（訳　編集部）

### 重要ボキャブラリー

| | |
|---|---|
| □ **evidence** [évidəns] | 《タイトル》(証拠となる) 痕跡、証拠 |
| □ **ancient** [éinʃənt] | 《タイトル》古代の、太古の |
| □ **archaeologist** [àːrkiáːlədʒist] | 考古学者 |
| □ **fossil** [fáːsl \| fɔ́sl] | 化石 |
| □ **yield** [jíːld] | (土地などが) ～を産出する、もたらす |

### TOEIC-style Questionsの答え

**1.** (D)

**2.** (D)

設問の語注

| | |
|---|---|
| **according to** | ～によると |
| **discovery** | 発見 |
| **cause** | ～を引き起こす、～の原因となる |

写真：Alex Niragira/Wikimedia Commons

## 区切り聞き／シャドーイング

ゆっくり音声［ポーズ入り］ Track 09

ゆっくり音声の適切な個所にポーズ（無言の間）が入れてあります。区切り聞きしてみましょう。
また、ポーズのところで、直前に聞き取った英語を自分で声に出すシャドーイング練習をしてみましょう。
自信がついたら、ポーズなしのゆっくり音声で、さらにはナチュラル音声でも練習してみてください。

Recently discovered footprints from the end of the Ice Age/
are shedding new light/
on North America's earliest humans.//

Eighty-eight fossilized footprints were located in Utah.//
Archaeologists stumbled on the fossils last month/
and are now gaining insight/
into how hunter-gatherers lived more than 12,000 years ago.//

The same area has also yielded stone tools, campfire remains, and evidence of tobacco use.//

語注

**evidence:**
《タイトル》（証拠となる）痕跡、証拠
**ancient:**
《タイトル》古代の、太古の
**footprint:**
足跡
**the Ice Age:**
氷河期、氷河時代
**shed light on:**
～に光を投じる、～解明の手掛かりとなる
**fossilized:**
化石化した、化石の
**locate:**
～を見つける、発見する
**archaeologist:**
考古学者
**stumble on:**
～を偶然発見する
**fossil:**
化石
**gain insight into:**
～についての洞察を得る、～をうかがい知る
**hunter-gatherer:**
狩猟採集民
**yield:**
（土地などが）～を産出する、もたらす
**stone tool:**
石器
**remains:**
遺物、遺跡

## [反訳]日→英サイトトランスレーション

ポーズのところで区切った日本語訳です。区切り聞きした英語の意味を確認するほか、日本語を見て区切られた部分ごとに英語に言い換える「反訳」の練習(日→英サイトトランスレーション)をすれば発信型の英語力がアップします。

最近発見された氷河期末期の足跡が /
新たな手掛かりとなっている /
北米最古の人類に関して。//

88個の化石化した足跡がユタ州で発見された。//
考古学者たちは、先月それらの化石を偶然発見した /
そして現在、うかがい知ろうとしている /
1万2000年以上前、狩猟採集民がどのように生活していたかについて。//

同じ地域からは石器、たき火の痕跡、たばこを使っていた形跡なども見つかっている。//

### ワンポイント解説

□ 1行目のdiscoveredはdiscoverの過去形ではなく過去分詞形で、footprintsを修飾する形容詞的に用いられている。

□ 7行目のhow以下全体が、名詞節としてgaining insight intoの目的語の働きをしている。

□ 2022年7月、米国の研究者たちが氷河期の狩猟採集民のものとみられる足跡を発見したのは、まったくの偶然だった。先史時代のたき火の痕跡を探すためユタ州のグレートソルトレーク砂漠付近を車で移動中、たまたま車の外を見たら足跡が目に入ったのだ。干上がった川底にあった足跡は「ゴーストトラック」と呼ばれるもので、雨の後は水分を含んで目に見えるようになるが、乾燥時だと見つけられないという。

アメリカ英語です。まずは、ナチュラル音声を聞いて内容を推測しましょう。
次に、ページをめくって、ゆっくり音声（ポーズ入り）に進みましょう。

# Death of Issey Miyake

Japanese fashion designer Issey Miyake has died. His designs became popular in the '80s, combining technology and art. His avant-garde style included sharp pleats and flowing fabric. He designed uniforms for workers at Sony and produced the black turtleneck regularly worn by Apple cofounder Steve Jobs. Miyake walked with a pronounced limp, a result of surviving the 1945 Hiroshima bombing as a child. His office says he died from cancer.

Aired on August 10, 2022

### TOEIC-style Questions

内容を正しく把握できたか、TOEIC® L&Rテスト Part 4形式の問題で確かめましょう。［正解は次ページ］

**1. What did Steve Jobs wear that was designed by Issey Miyake?**

(A) A company uniform

(B) A black turtleneck

(C) An avant-garde shirt

(D) A suit with sharp pleats

**2. What caused Issey Miyake to walk with a limp?**

(A) Cancer

(B) An accident he had in the 1980s

(C) The bombing of Hiroshima

(D) A medical condition that he had from birth

三宅氏のデザインは、
テクノロジーとアートの融合を図っていました。

# 世界的な衣服デザイナー、三宅一生が死去



日本人ファッションデザイナーの三宅一生氏が亡くなりました。彼のデザインは、テクノロジーとアートを融合することで1980年代に人気を博しました。彼の前衛的なスタイルは、シャープなプリーツや流れるような布地などが特徴でした。彼はソニーの従業員の制服をデザインし、アップル社の共同創業者スティーブ・ジョブズ氏がいつも着ていた黒のタートルネックを作りました。三宅氏は明らかに片足を引きずって歩いていましたが、それは幼少時、1945年の広島爆撃（原爆投下）を生き延びたことによるものでした。彼の事務所によれば、死因はがんでした。

（2022年12月号掲載）（訳　編集部）

### 重要ボキャブラリー

| | |
|---|---|
| □ **combine A and B** [kəmbáin] | AとBを結び付ける、結合させる |
| □ **avant-garde** [ɑ̀:vɑ:ngɑ́rd] | 《仏》前衛的な、アバンギャルドの |
| □ **pleat** [plí:t] | （スカートなどの）ひだ、プリーツ |
| □ **fabric** [fǽbrik] | 織物、布地 |
| □ **limp** [límp] | 片足を引きずること、足の不自由 |

### TOEIC-style Questionsの答え

**1.** (B)

**2.** (C)

**設問の語注**

**medical condition**　疾患、病状

## 区切り聞き／シャドーイング

ゆっくり音声［ポーズ入り］ Track 12

ゆっくり音声の適切な個所にポーズ（無言の間）が入れてあります。区切り聞きしてみましょう。
また、ポーズのところで、直前に聞き取った英語を自分で声に出すシャドーイング練習をしてみましょう。
自信がついたら、ポーズなしのゆっくり音声で、さらにはナチュラル音声でも練習してみてください。

Japanese fashion designer Issey Miyake has died.//
His designs became popular in the ’80s,/
combining technology and art.//
His avant-garde style included sharp pleats and flowing fabric.//

He designed uniforms for workers at Sony/
and produced the black turtleneck regularly worn by Apple cofounder Steve Jobs.//

Miyake walked with a pronounced limp,/
a result of surviving the 1945 Hiroshima bombing as a child.//

His office says/
he died from cancer.//

語注

**become popular:** 人気が出る、人気が高まる
**combine A and B:** AとBを結び付ける、結合させる
**avant-garde:** 《仏》前衛的な、アバンギャルドの
**pleat:** （スカートなどの）ひだ、プリーツ
**flowing:** （衣服などが）流れるような、なだらかに垂れている
**fabric:** 織物、布地
**regularly:** 頻繁に、いつも
**cofounder:** 共同創業者、共同創立者
**pronounced:** 目立った、明白な
**limp:** 片足をひきずること、足の不自由
**survive:** ～を生き延びる、生き残る
**bombing:** 爆撃、爆弾投下
**die from:** ～が原因で死ぬ
**cancer:** がん、悪性腫瘍

## [反訳]日→英サイトトランスレーション

ポーズのところで区切った日本語訳です。区切り聞きした英語の意味を確認するほか、日本語を見て区切られた部分ごとに英語に言い換える「反訳」の練習(日→英サイトトランスレーション)をすれば発信型の英語力がアップします。

日本人ファッションデザイナーの三宅一生氏が亡くなった。//
彼のデザインは1980年代に人気を博した/
テクノロジーとアートを融合することで。//
彼の前衛的なスタイルには、シャープなプリーツや流れるような布地などが使われていた。//

彼はソニーの従業員の制服をデザインした/
そしてアップル社の共同創業者スティーブ・ジョブズ氏がいつも着ていた黒のタートルネックを作った。//

三宅氏は明らかに片足を引きずって歩いていた/
それは幼少時、1945年の広島爆撃(原爆投下)を生き延びたことによるものだった。//

彼の事務所によれば/
死因はがんだった。//



### ワンポイント解説

□3行目は分詞構文で、as his designs combined technology and artなどと言い換えられる。

□10～11行目の名詞句a result of...childは直前のa pronounced limpと同格の関係にあり、補足的な説明を加えている。

□世界的に評価される日本人ファッションデザイナーの先駆けだった三宅一生氏が、2022年8月にがんのため亡くなった。1971年にブランド「イッセイミヤケ」を立ち上げ、1973年にはパリコレクションに参加。和服などから着想を得た「一枚の布」という考え方や、プラスチック、ワイヤー、和紙などの素材と先端技術を用いた実験的な服作りで人気を博した。一方、2009年には自身の被爆体験を米紙で明かしていた。

アメリカ英語（厳密にはカナダ英語）です。まずは、ナチュラル音声を聞いて内容を推測しましょう。
次に、ページをめくって、ゆっくり音声（ポーズ入り）に進みましょう。

# WWF Reports Shocking Population Loss

The World Wildlife Fund for Nature is calling for immediate action as animal populations around the globe are dying off at a shocking rate. The group's *Planet Report* this year says animal populations on average plummeted by 69 percent between 1970 and 2018. [The] WWF says, "The evidence is unequivocal—we're living through the dual crises of biodiversity loss and climate change driven by the unsustainable use of resources." The group says 1 million plants and animals face extinction right now.

Aired on October 14, 2022

### TOEIC-style Questions

内容を正しく把握できたか、TOEIC® L&Rテスト Part 4形式の問題で確かめましょう。［正解は次ページ］

**1. According to the report, by how much did animal populations decrease in the almost-50-year period mentioned?**

(A) Around 9 percent
(B) As much as 16 percent
(C) Almost 60 percent
(D) Nearly 70 percent

**2. What does the WWF say is causing the two crises?**

(A) Climate change
(B) Overuse of resources
(C) Loss of biodiversity
(D) A plummeting rate of extinction

半世紀足らずの間に
動物の生息個体数は7割近く減っています。

# 世界の動物の個体数が衝撃的なペースで減少中

American

世界自然保護基金（WWF）は、世界中の動物の生息個体数が衝撃的なペースで絶滅に向かっているため、早急な対策を求めています。同団体の今年（2022年）の『生きている地球レポート』によると、1970年から2018年の間に、動物の生息個体数は平均で69％も激減しました。WWFが言うには、「証拠に疑う余地はない――われわれは、持続不可能な資源利用によって進行し続けている、生物多様性の損失と気候変動という二重の危機の中を生きている」のです。同団体によれば、100万種の動植物が今まさに絶滅の危機に瀕しています。

（2023年2月号掲載）（訳　石黒円理）

### 重要ボキャブラリー

| | |
|---|---|
| □ **unequivocal** [ʌ̀nikwívəkəl] | 疑う余地のない、明白な |
| □ **biodiversity** [bàioudaivə́ːsiti] | 生物多様性 |
| □ **climate change** [kláimət tʃèindʒ] | 気候変動、地球温暖化 |
| □ **unsustainable** [ʌ̀nsəstéinəbl] | 持続可能でない |
| □ **extinction** [ikstíŋkʃən ｜ eks-] | 絶滅、消滅 |

### TOEIC-style Questionsの答え

**1.** (D)
**2.** (B)

設問の語注

| | |
|---|---|
| **as much as** | ～程度、～だけの量 |
| **decrease** | 減少する |
| **period** | 期間 |
| **mention** | ～に言及する |
| **overuse** | 使い過ぎ |

## 区切り聞き／シャドーイング

ゆっくり音声［ポーズ入り］ Track 15

ゆっくり音声の適切な個所にポーズ（無言の間）が入れてあります。区切り聞きしてみましょう。
また、ポーズのところで、直前に聞き取った英語を自分で声に出すシャドーイング練習をしてみましょう。
自信がついたら、ポーズなしのゆっくり音声で、さらにはナチュラル音声でも練習してみてください。

The World Wildlife Fund for Nature is calling for immediate action/
as animal populations around the globe are dying off/
at a shocking rate.//
The group's *Planet Report* this year says/
animal populations on average plummeted by 69 percent/
between 1970 and 2018.//

The WWF says,/
"The evidence is unequivocal—/
we're living through the dual crises of biodiversity loss and climate change/
driven by the unsustainable use of resources."//

The group says/
1 million plants and animals face extinction right now.//

語注

**WWF:**
《タイトル》＝the World Wildlife Fund for Nature　世界自然保護基金

**population:**
《タイトル》生息個体数

**call for:**
～を要求する、求める

**around the globe:**
全世界で、世界中で

**die off:**
絶滅する、消滅する

**at a...rate:**
…の速度で、ペースで

**plummet:**
激減する、急速に落ち込む

**evidence:**
証拠

**unequivocal:**
疑う余地のない、明白な

**dual:**
二重の、（相互に関連する）2つの

**biodiversity:**
生物多様性

**climate change:**
気候変動、地球温暖化

**drive:**
～を突き動かす、～の原動力である

**unsustainable:**
持続可能でない

**extinction:**
絶滅、消滅

## [反訳]日→英サイトトランスレーション

ポーズのところで区切った日本語訳です。区切り聞きした英語の意味を確認するほか、日本語を見て区切られた部分ごとに英語に言い換える「反訳」の練習(日→英サイトトランスレーション)をすれば発信型の英語力がアップします。

世界自然保護基金(WWF)は早急な対策を求めている/
世界中の動物の生息個体数が絶滅に向かっているからだ/
衝撃的なペースで。//
この団体の今年の『地球レポート』によると/
動物の生息個体数は平均で69%も激減した/
1970年から2018年の間に。//

WWFは述べている/
「証拠に疑う余地はない——/
われわれが生きているのは、生物多様性の損失と気候変動という二重の危機の中なのだ/
(それらの危機は)持続不可能な資源利用によって進行し続けている」と。//

同団体によると/
100万種の動植物が今まさに絶滅の危機に瀕している。//

### ワンポイント解説

□ 4行目の *Planet Report* の正式名称は *Living Planet Report*(生きている地球レポート)。

□ 9行目の of の目的語は biodiversity loss and climate change である。

□ 11行目全体が、the dual crises (of biodiversity loss and climate change) を後ろから修飾している。なお、crises は crisis の複数形。

□ WWF(世界自然保護基金)は、ロンドン動物園協会と共同で、哺乳類、鳥類、両生類、はちゅう類、魚類の5230種、約32000個体群を対象に調査を行い、その成果を『生きている地球レポート2022』として発表した。約69%の個体数減少という結果が導き出されている。事態が特に深刻だったのは中南米とカリブ海地域で、両地域の野生生物の個体数は平均で94%減ったという。

NEWS 06 ナチュラル音声［1回目］Track 17 ゆっくり音声［ポーズなし］Track 19 ナチュラル音声［2回目］Track 68

アメリカ英語です。まずは、ナチュラル音声を聞いて内容を推測しましょう。
次に、ページをめくって、ゆっくり音声（ポーズ入り）に進みましょう。

# A Vermeer Not by Vermeer

Now, a painting long thought to be by Dutch master Johannes Vermeer is now considered an imitation. Titled *Girl with a Flute*, the small oil on wood panel has been tested for two years by the National Gallery of Art. Now, scientists and experts say the work is by someone believed to be an associate of Vermeer. The painting has been at the National Gallery since the 1940s.

Aired on October 8, 2022

### TOEIC-style Questions

内容を正しく把握できたか、TOEIC® L&Rテスト Part 4形式の問題で確かめましょう。［正解は次ページ］

**1. Who do these experts now believe painted *Girl with a Flute*?**

(A) Johannes Vermeer
(B) Someone connected with Vermeer
(C) A member of the National Gallery of Art
(D) A well-known Dutch master

**2. What led the experts to this conclusion?**

(A) The discovery of the artist's signature
(B) Two years of testing
(C) The use of imitation wood
(D) A comment in Vermeer's diary

フェルメール作と思われていた
『フルートを持つ女』。

# 米国国立美術館、
# 所蔵する有名絵画を贋作と発表

American

さて、オランダの巨匠ヨハネス・フェルメールによるものと長らく考えられてきたある絵が、現在、贋作《がんさく》だと見なされています。『フルートを持つ女』と題された、木製パネルに描かれたその小さな油彩画は、ナショナル・ギャラリー・オブ・アートによって2年間にわたって検査されてきました。さて、科学者と専門家のチームによれば、その作品はフェルメールの仕事仲間と考えられる人物によるものだそうです。その絵は1940年代からナショナル・ギャラリーに所蔵されています。

（2023年2月号掲載）（訳　編集部）

### 重要ボキャブラリー

| | |
|---|---|
| □ **painting** [péintiŋ] | 絵、絵画 |
| □ **imitation** [ìmətéiʃən] | 偽作（ぎさく）、贋作（がんさく） |
| □ **gallery of art** [gǽləri] | 画廊、美術館 |
| □ **expert** [ékspəːrt] | 専門家、熟練者 |
| □ **associate** [əsóuʃiət] | 仲間、同僚 |

### TOEIC-style Questionsの答え

**1.** （B）

**2.** （B）

**設問の語注**

| | |
|---|---|
| **(be) connected with** | ～と関連がある |
| **well-known** | よく知られた、有名な |
| **conclusion** | 結論、断定 |
| **signature** | 署名、サイン |

写真：Widener Collection/Wikimedia Commons

## 区切り聞き／シャドーイング

ゆっくり音声［ポーズ入り］ Track 18

ゆっくり音声の適切な個所にポーズ（無言の間）が入れてあります。区切り聞きしてみましょう。
また、ポーズのところで、直前に聞き取った英語を自分で声に出すシャドーイング練習をしてみましょう。
自信がついたら、ポーズなしのゆっくり音声で、さらにはナチュラル音声でも練習してみてください。

---

Now, a painting long thought to be by Dutch master Johannes Vermeer/
is now considered an imitation.//

Titled *Girl with a Flute*,/
the small oil on wood panel has been tested for two years/
by the National Gallery of Art.//

Now, scientists and experts say/
the work is by someone believed to be an associate of Vermeer.//

The painting has been at the National Gallery/
since the 1940s.//

語注

**painting:**
絵、絵画
**Dutch:**
オランダの、オランダ人の
**master:**
（芸術の）巨匠、名人
**consider A B:**
AをBと見なす、考える

**imitation:**
偽作（ぎさく）、贋作（がんさく）
**(be) titled :**
題は～である、～と題されている
**flute:**
（楽器の）フルート

**oil:**
油絵、油彩画
**wood panel:**
木製パネル
**test:**
～を検査する、調べる
**gallery of art:**
画廊、美術館

**expert:**
専門家、熟練者
**work:**
作品、著作物
**associate:**
仲間、同僚

## [反訳]日→英サイトトランスレーション

**ポーズのところで区切った日本語訳です。区切り聞きした英語の意味を確認するほか、日本語を見て区切られた部分ごとに英語に言い換える「反訳」の練習(日→英サイトトランスレーション)をすれば発信型の英語力がアップします。**



さて、オランダの巨匠ヨハネス・フェルメールによるものと長らく考えられてきたある絵が/
現在、贋作《がんさく》だと見なされている。//

『フルートを持つ女』と題されている/
木製パネルに描かれた小さな油彩画は、2年間にわたって検査されてきた/
ナショナル・ギャラリー・オブ・アートによって。//

さて、科学者と専門家のチームによれば/
その作品はフェルメールの仕事仲間と考えられる人物によるものだという。//

その絵はナショナル・ギャラリーに所蔵されている/
1940年代から。//

### ワンポイント解説

□タイトルに A Vermeer とあるが、この場合の冠詞は芸術家などの固有名詞に付いて「〜の作品」を意味する用法。

□1行目は、Now, a painting (which/that has been) thought... と語を補って考えるとよい。

□4行目の Titled *Girl with a Flute* は分詞構文で、(Being) titled... と考えるとよい。

□米国の首都ワシントンにあるナショナル・ギャラリー・オブ・アートは、2022年10月、同館所蔵の『フルートを持つ女』はフェルメール作ではないと発表した。これは同美術館の学芸員、保存修復師、科学者から成るチームが検証した結果で、実際の作者はフェルメールの仕事仲間と見られている。フェルメールは弟子や助手を持たない「孤高の画家」と考えられてきたが、事実はそれと異なる可能性が強まったといえる。

NEWS 07 | ナチュラル音声［1回目］ Track 20 | ゆっくり音声［ポーズなし］ Track 22 | ナチュラル音声［2回目］ Track 69

アメリカ英語です。まずは、ナチュラル音声を聞いて内容を推測しましょう。
次に、ページをめくって、ゆっくり音声（ポーズ入り）に進みましょう。

# President Tsai Quits as Party Head

Taiwan's president is stepping down as head of the ruling party after heavy losses in Saturday's midterm elections. Tsai Ing-wen's Democratic Progressive Party is expected to win mayoral races in just five counties. The opposition, Kuomintang, is expected to win 13. Tsai has pursued policies challenging mainland China. Despite its history of war with the Communists, today's Kuomintang actually favors closer economic ties with Beijing.

Aired on November 27, 2022

## TOEIC-style Questions

内容を正しく把握できたか、TOEIC® L&Rテスト Part 4形式の問題で確かめましょう。［正解は次ページ］

**1. Which Taiwanese political group is reported to want Taiwan to have closer ties with China?**

(A) The party of the current president

(B) The Kuomintang

(C) The Democratic Progressive Party

(D) The Communist Party

2. Why is the current president stepping down as party leader?

(A) Because her party got poor results in recent elections

(B) Because she was voted out of office

(C) Because she protested against the Kuomintang

(D) Because she wants to pursue new policies

台湾総統の蔡氏は、2022年11月、
民進党の党首辞任を表明しました。

# 中間選挙で大敗し、<br>台湾総統の蔡氏が党首を辞任

American

台湾総統は、土曜日の中間選挙で大敗したことを受けて、与党党首を辞任することになりました。(総統である) 蔡英文《ツァイ・インウェン》氏率いる民進党は、市長選における勝利はわずか5市・県となる見込みです。野党の国民党は13の市・県で当選が見込まれています。蔡氏は中国本土に対して強硬な政策を推進してきました。中国共産党との戦争 (国共内戦) の歴史にもかかわらず、今日の国民党は、実のところ中国政府とのより緊密な経済的連携に前向きです。

(2023年3月号掲載) (訳　編集部)

### 重要ボキャブラリー

| | |
|---|---|
| □ **quit as** [kwít əz] | 《タイトル》～という役職を辞める、～を辞任する |
| □ **the opposition** [ɑ̀pəzíʃən │ ɔ̀pə-] | 反対党、野党 |
| □ **pursue** [pərsúː │ pəsjúː] | ～を追求する、達成しようとする |
| □ **mainland China** [méinlæ̀nd] | 中国大陸、中国本土 |
| □ **the Communists** [kɑ́mjənists │ kɔ́m-] | 共産党 |

### TOEIC-style Questionsの答え

**1.** (B)

**2.** (A)

設問の語注

| | |
|---|---|
| **Taiwanese** | 台湾の、台湾人の |
| **political group** | 政治団体、政党 |
| **current** | 現在の、今の |
| **vote...out of office** | 投票により…を退陣させる、再選しない |
| **protest against** | ～に反対する |

写真：Wang Yu Ching/Office of the President/Wikimedia Commons

## 区切り聞き／シャドーイング

ゆっくり音声［ポーズ入り］ Track 21

ゆっくり音声の適切な個所にポーズ（無言の間）が入れてあります。区切り聞きしてみましょう。
また、ポーズのところで、直前に聞き取った英語を自分で声に出すシャドーイング練習をしてみましょう。
自信がついたら、ポーズなしのゆっくり音声で、さらにはナチュラル音声でも練習してみてください。

Taiwan's president is stepping down as head of the ruling party/
after heavy losses in Saturday's midterm elections.//

Tsai Ing-wen's Democratic Progressive Party is expected to win mayoral races in just five counties.//
The opposition, Kuomintang, is expected to win 13.//

Tsai has pursued policies challenging mainland China.//
Despite its history of war with the Communists,/
today's Kuomintang actually favors closer economic ties with Beijing.//

語注

**president:**
《タイトル》大統領、総統
**quit as:**
《タイトル》〜という役職を辞める、〜を辞任する
**party head:**
《タイトル》党首
**step down as:**
〜の職を辞任する、〜を辞職する
**ruling party:**
与党
**Democratic Progressive Party:**
（台湾の）民主進歩党、民進党
**county:**
（台湾の）県、市
**the opposition:**
反対党、野党
**Kuomintang:**
（台湾の）国民党
**pursue:**
〜を追求する、達成しようとする
**mainland China:**
中国大陸、中国本土
**the Communists:**
共産党
**favor:**
〜を好む、〜に賛成する
**ties with:**
〜との結びつき

## [反訳]日→英サイトトランスレーション

**ポーズのところで区切った日本語訳です。区切り聞きした英語の意味を確認するほか、日本語を見て区切られた部分ごとに英語に言い換える「反訳」の練習(日→英サイトトランスレーション)をすれば発信型の英語力がアップします。**

台湾の総統が与党党首を辞任することになった/
土曜日の中間選挙で大敗したことを受けて。//

(総統である)蔡英文《ツァイ・インウェン》氏率いる民進党は、市長選における勝利はわずか5市・県となる見込みだ。//
野党の国民党は13の市・県で当選が見込まれている。//

蔡氏は中国本土に対して強硬な政策を推進してきた。//
中国共産党との戦争(国共内戦)の歴史にもかかわらず/
今日の国民党は、実のところ、中国政府とのより緊密な経済的連携に前向きである。//



### ワンポイント解説

□1行目の ...is stepping down as... という現在進行形は、「確定した近い未来の予定」を表す用法。

□2行目に midterm elections(中間選挙)とあるが、台湾では統一地方選挙を指す。台湾の総統選挙は米国大統領選挙と同じ4年おきに行われるため、中間選挙も同年となる。

□2022年11月26日に実施された台湾の統一地方選挙で争われたのは、22市・県の首長の座。このうち5つのポストでしか勝利できなかった責任を取る形で、蔡英文氏は民進党の党首を辞任。総統の職にはとどまった。なお Kuomintang(国民党)は Nationalist Party とも呼称するが、歴史上非常に大きな役割を担ってきた政党であることから、中国語の発音に即した名称の方が英語でも定着している。

アメリカ英語です。まずは、ナチュラル音声を聞いて内容を推測しましょう。
次に、ページをめくって、ゆっくり音声（ポーズ入り）に進みましょう。

# Chief Rat Exterminator Wanted

Now, if you're looking for a challenging new job, New York City might have a job just for you. Mayor Eric Adams says shrinking the rat population is one of his top priorities. Well, the new job is actually called director of rodent mitigation. It pays up to $170,000 a year. The ad says the ideal candidate is "somewhat bloodthirsty" [and] has a "swashbuckling attitude" and "an aura of badassery."

Aired on December 3, 2022

### TOEIC-style Questions

内容を正しく把握できたか、TOEIC® L&RテストPart 4形式の問題で確かめましょう。［正解は次ページ］

**1. What will be the role of the person in the new job?**

(A) To improve the city's roads

(B) To deal with immigration problems

(C) To get rid of rodents

(D) To increase housing for the city's rising population

**2. What is the maximum salary for the new job?**

(A) $17,000 a month

(B) $70,000 a year

(C) $100,000 per year

(D) $170,000 annually

ニューヨーク市では
ネズミの増加が大問題になっています。

# ニューヨーク市が「ネズミ駆除」責任者を募集！



さて、もしやりがいのある新たな仕事を探しているのなら、ニューヨーク市にあなたにぴったりの職があるかもしれません。エリック・アダムズ市長によると、ネズミの生息個体数を減らすことが彼の最優先事項のひとつなのです。さて、実は、この新しい職は「げっ歯動物緩和担当部長」と呼ばれるものです。年俸は最高で17万ドル（約2300万円）です。求人広告によると、理想の候補者は、「いささか残忍」で「向こう見ずな態度」と「つわもののオーラ」を持つ人だそうです。

（2023年4月号掲載）（訳　編集部）

### 重要ボキャブラリー

- □ **exterminator** [ikstə́ːrmənèitər]　《タイトル》害虫駆除者、害獣駆除者
- □ **rodent** [róudənt]　げっ歯類、げっ歯動物
- □ **mitigation** [mìtəgéiʃən]　緩和、軽減
- □ **candidate** [kǽndədèit]　志願者、候補者
- □ **aura** [ɔ́ːrə]　独特の雰囲気、オーラ

### TOEIC-style Questionsの答え

**1.** (C)
**2.** (D)

設問の語注

| | |
|---|---|
| **improve** | ～を改善する |
| **deal with** | ～に対処する |
| **immigration** | 移民 |
| **get rid of** | ～を取り除く |
| **annually** | 年に、1年当たり |

写真：Cat Ball/Wikimedia Commons

## 区切り聞き／シャドーイング

ゆっくり音声［ポーズ入り］ Track 24

ゆっくり音声の適切な個所にポーズ（無言の間）が入れてあります。区切り聞きしてみましょう。
また、ポーズのところで、直前に聞き取った英語を自分で声に出すシャドーイング練習をしてみましょう。
自信がついたら、ポーズなしのゆっくり音声で、さらにはナチュラル音声でも練習してみてください。

Now, if you're looking for a challenging new job,/
New York City might have a job just for you.//

Mayor Eric Adams says/
shrinking the rat population is one of his top priorities.//
Well, the new job is actually called director of rodent mitigation.//
It pays up to $170,000 a year.//

The ad says/
the ideal candidate is "somewhat bloodthirsty"/
[and] has a "swashbuckling attitude" and "an aura of badassery."//

語注

**exterminator:**
《タイトル》害虫駆除者、害獣駆除者
**challenging:**
やりがいのある
**mayor:**
市長
**shrink:**
～を縮小する、減らす
**population:**
生息個体数
**top priority:**
最優先、最優先事項
**director:**
管理者、指導者
**rodent:**
げっ歯類、げっ歯動物
**mitigation:**
緩和、軽減
**candidate:**
志願者、候補者
**somewhat:**
少々、いささか
**bloodthirsty:**
血に飢えた、残忍な
**swashbuckling:**
向こう見ずな、威勢のいい
**aura:**
独特の雰囲気、オーラ
**badassery:**
つわものぶり、猛者っぽさ

## [反訳]日→英サイトトランスレーション

**ポーズのところで区切った日本語訳です。区切り聞きした英語の意味を確認するほか、日本語を見て区切られた部分ごとに英語に言い換える「反訳」の練習(日→英サイトトランスレーション)をすれば発信型の英語力がアップします。**



さて、もしやりがいのある新たな仕事を探しているのなら/
ニューヨーク市にあなたにぴったりの職があるかもしれない。//

エリック・アダムズ市長によると/
ネズミの生息個体数を減らすことが彼の最優先事項のひとつだ。//
さて、実は、この新しい職は「げっ歯動物緩和担当部長」と呼ばれる。//
年俸は最高で17万ドル(約2300万円)だ。//

求人広告によると/
理想の候補者は、「いささか残忍」で/
「向こう見ずな態度」と「つわもののオーラ」を持つ人だ。//

### ワンポイント解説

□4行目の文では、shrinking the rat population という動名詞句が主語になっている。そして、4行目全体が名詞節として says の目的語になっている。

□8行目の“somewhat bloodthirsty”の後、CNN のアンカーは has a... と続けているが、文法的には and has a... とするのが正しい。「ゆっくり音声」では and を入れて収録されている。

□ニューヨーク市ではネズミの大量発生が長年、問題になっている。デブラシオ前市長時代には、駆除対策としてゴミ拾いの増加、住宅検査の改善などに力を入れ、数億円の費用を投じてきた。だが際立った成果が見られず、ネズミによる被害の苦情はむしろ急増している。そこでアダムズ現市長は、2022年11月に、副市長の直轄下でネズミとの戦いを指揮する人を募集すると発表した。

NEWS 09 ナチュラル音声［1回目］ Track 26 ゆっくり音声［ポーズなし］ Track 28 ナチュラル音声［2回目］ Track 71

アメリカ英語（厳密にはカナダ英語）です。まずは、ナチュラル音声を聞いて内容を推測しましょう。
次に、ページをめくって、ゆっくり音声（ポーズ入り）に進みましょう。

# Files on JFK Assassination Released

The US is sharing more details about the 1963 assassination of President John F. Kennedy. The National Archives released more than 13,000 previously classified documents Thursday, including all of the remaining information the CIA said it has that's directly related to JFK's murder. A 1964 report found Lee Harvey Oswald acted alone when he shot and killed Kennedy in Dallas, Texas. Still, the killing has prompted plenty of conspiracy theories.

Aired on December 16, 2022

## TOEIC-style Questions

内容を正しく把握できたか、TOEIC® L&Rテスト Part 4 形式の問題で確かめましょう。［正解は次ページ］

**1. How many documents were released this time?**

(A) Almost 1,300

(B) About 3,000

(C) Nearly 10,000

(D) Over 13,000

**2. What did the 1964 report find about the assassination?**

(A) The killer acted alone.

(B) It was probably the result of a conspiracy.

(C) The CIA was directly involved in it.

(D) Lee Harvey Oswald was not the killer.

ケネディ暗殺事件は
いまだに多くの憶測を呼んでいます。

# ケネディ暗殺の機密文書、ほぼすべてを公開

American

1963年のジョン・F・ケネディ大統領暗殺事件に関して、米国ではさらなる詳細が共有されています。米国国立公文書記録管理局（NARA）は木曜日、これまで機密扱いだった1万3000点を超える文書を公開しましたが、それには、CIA（米国中央情報局）が所持しているとしていたJFK殺害に直接関連する情報の残りすべてが含まれています。1964年の報告書は、リー・ハーベイ・オズワルドがテキサス州ダラスでケネディを射殺した件は、彼による単独犯行だと結論付けました。それでもなお、この殺人事件はあまたの陰謀論を誘発してきました。

（2023年4月号掲載）（訳　編集部）

## 重要ボキャブラリー

| | |
|---|---|
| □ **assassination** [əsæ̀sinèiʃən] | 《タイトル》暗殺 |
| □ **classified** [klǽsəfàid] | 機密扱いの、極秘の |
| □ **murder** [mə́:rdər] | （故意の）殺人、謀殺 |
| □ **prompt** [prɑmpt｜prɔm-] | ～を引き起こす、誘発する |
| □ **conspiracy theory** [kənspírəsi] | 陰謀論、陰謀説 |

## TOEIC-style Questionsの答え

**1.**（D）

**2.**（A）

設問の語注

| | |
|---|---|
| **almost** | 大体～、もう少しで～ |
| **nearly** | ほぼ～、～近く |
| **killer** | 殺人者 |
| **be involved in** | ～に関わっている、関与している |

写真：Gongonllum / Wikimedia Commons

## 区切り聞き／シャドーイング

ゆっくり音声［ポーズ入り］ Track 27

ゆっくり音声の適切な個所にポーズ（無言の間）が入れてあります。区切り聞きしてみましょう。
また、ポーズのところで、直前に聞き取った英語を自分で声に出すシャドーイング練習をしてみましょう。
自信がついたら、ポーズなしのゆっくり音声で、さらにはナチュラル音声でも練習してみてください。

The US is sharing more details/
about the 1963 assassination of President John F. Kennedy.//

The National Archives released more than 13,000 previously classified documents Thursday,/
including all of the remaining information/
the CIA said it has/
that's directly related to JFK's murder.//

A 1964 report found Lee Harvey Oswald acted alone/
when he shot and killed Kennedy in Dallas, Texas.//
Still, the killing has prompted plenty of conspiracy theories.//

語注

**JFK:**
《タイトル》＝John F. Kennedy ジョン・F・ケネディ ▶第35代米国大統領。

**assassination:**
《タイトル》暗殺

**share:**
〜を共有する、伝える

**the National Archives:**
＝the National Archives and Records Administration 米国国立公文書記録管理局（略称NARA）

**previously:**
以前は、これまでは

**classified:**
機密扱いの、極秘の

**remaining:**
残っている、残りの

**the CIA:**
＝the Central Intelligence Agency 米国中央情報局

**be related to:**
〜と関係している

**murder:**
（故意の）殺人、謀殺

**prompt:**
〜を引き起こす、誘発する

**conspiracy theory:**
陰謀論、陰謀説

## [反訳]日→英サイトトランスレーション

ポーズのところで区切った日本語訳です。区切り聞きした英語の意味を確認するほか、日本語を見て区切られた部分ごとに英語に言い換える「反訳」の練習(日→英サイトトランスレーション)をすれば発信型の英語力がアップします。

米国で、さらなる詳細が共有されている/
1963年のジョン・F・ケネディ大統領暗殺事件に関して。//

米国国立公文書記録管理局(NARA)は木曜日、これまで機密扱いだった1万3000点を超える文書を公開した/
それには残りの情報も全部含まれている/
その情報はCIA(米国中央情報局)が所持しているとしていたもので/
JFK殺害に直接関連している。//

1964年の報告書は、リー・ハーベイ・オズワルドの単独犯行と結論付けた/
彼がテキサス州ダラスでケネディを射殺した件について。//
それでもなお、この殺人事件はあまたの陰謀論を誘発してきた。//



### ワンポイント解説

□6行目のthe CIA saidと、それに続くit hasは、時制が一致していない。「ゆっくり音声」ではthe CIA said it hadと修正して収録している。itはthe CIAを指し、the CIA said it hasの節は後ろからthe remaining informationを修飾している。直後のthatは関係代名詞で、こちらも先行詞はthe remaining informationである。

□米国国立公文書記録管理局(NARA)は、2022年12月15日、1963年のジョン・F・ケネディ大統領暗殺事件に関する1万3000点超のファイルをオンラインで公開した。全文の公開を命じる大統領令をバイデン氏が出したのを受けたもの。今回の公開で、保管されている記録の97%以上が公表されたことになるという。残る私文書については、複数の機関が2023年5月まで検証することになっている。

アメリカ英語です。まずは、ナチュラル音声を聞いて内容を推測しましょう。
次に、ページをめくって、ゆっくり音声（ポーズ入り）に進みましょう。

# Taylor Swift to Direct Movie

Taylor Swift is adding a new challenge to her amazing list of accomplishments. The singer-songwriter is going to direct a feature-length movie for Searchlight Pictures. But there's more: she also wrote the screenplay. The president of Searchlight referred to Swift as a, quote, "once-in-a-generation storyteller." No word so far on the topic of the movie.

Aired on December 10, 2022

## TOEIC-style Questions

内容を正しく把握できたか、TOEIC® L&RテストPart 4形式の問題で確かめましょう。［正解は次ページ］

1. **What are reported to be Taylor Swift's roles in the new project?**

 (A) Director and screenplay writer
 (B) Singer and songwriter
 (C) Director and actor
 (D) Studio president and storyteller

2. **What is reported about the new project?**

 (A) It will focus on the life of a singer-songwriter.
 (B) It will show the challenges of being a movie director.
 (C) It will be about a once-in-a-generation storyteller.
 (D) The topic has not been announced.

## CNN GLENTSとは

GLENTSとは、**GLobal ENglish Testing System**という名の通り、世界標準の英語力を測るシステムです。リアルな英語を聞き取る**リスニングセクション**、海外の話題を読み取る**リーディングセクション**、異文化を理解するのに必要な知識を問う**国際教養セクション**から構成される、世界に通じる「ホンモノ」の英語力を測定するためのテストです。

## CNN GLENTSの特長

**■作られた英語ではなく生の英語ニュースが素材**

リスニング問題、リーディング問題、いずれも世界最大のニュース専門放送局CNNの英語ニュースから出題。実際のニュース映像を使った「動画視聴問題」も導入しています。

**■場所を選ばず受験できるオンライン方式**

コンピューターやスマートフォン、タブレットなどの端末とインターネット接続があれば、好きな場所で受けられます。

**■自動採点で結果をすぐに表示　国際指標CEFRにも対応**

テスト終了後、自動採点ですぐに結果がわかります。国際的な評価基準であるCEFRとの対照レベルやTOEIC® Listening & Reading Testの予測スコアも表示されます。

**■コミュニケーションに必要な社会・文化知識にも配慮**

独自のセクションとして設けた「国際教養セクション」では、世界で活躍する人材に求められる異文化理解力を測ります。

**■試験時間は約70分、受験料は3,960円（税込）です。**

※画像はイメージです。



**お問い合わせ先**

株式会社 朝日出版社　「CNN GLENTS」事務局
TEL: 0120-181-202　E-MAIL: glents_support@asahipress.com
（平日午前10時～午後6時）

短編映画ですでに手腕を発揮済みの
スウィフトが長編映画の監督に！

# テイラー・スウィフトが長編映画の監督に



テイラー・スウィフトが、その驚嘆すべき業績のリストに新たな挑戦を加えようとしています。このシンガーソングライターは、サーチライト・ピクチャーズ社のために長編映画を監督することになっているのです。しかし、それだけではありません。彼女はその脚本も書いたのです。サーチライト社の社長はスウィフトを称して、いわく、「一世代にひとりのストーリーテラー」と述べています。今のところ、映画のテーマに関する情報はありません。

（2023年4月号掲載）（訳　編集部）

重要ボキャブラリー

| | |
|---|---|
| □ **amazing** [əméiziŋ] | 驚くほど素晴らしい、すごい |
| □ **accomplishment** [əkɑ́mpliʃmənt] | 業績、実績 |
| □ **feature-length** [fíːtʃər leŋkθ] | （映画などが）長編の |
| □ **screenplay** [skríːnplèi] | （映画などの）脚本、台本 |
| □ **storyteller** [stɔ́ːritèlər] | 語り手、物語作家 |

TOEIC-style Questionsの答え

**1.** (A)

**2.** (D)

設問の語注

| | |
|---|---|
| director | 監督、演出家 |
| studio | 映画製作会社、スタジオ |
| focus on | ～に焦点を当てる |
| announce | ～を告知する、公表する |

写真：Raph_PH/Wikimedia Commons

## 区切り聞き／シャドーイング

ゆっくり音声［ポーズ入り］ Track 30

ゆっくり音声の適切な個所にポーズ（無言の間）が入れてあります。区切り聞きしてみましょう。
また、ポーズのところで、直前に聞き取った英語を自分で声に出すシャドーイング練習をしてみましょう。
自信がついたら、ポーズなしのゆっくり音声で、さらにはナチュラル音声でも練習してみてください。

Taylor Swift is adding a new challenge/
to her amazing list of accomplishments.//
The singer-songwriter is going to direct a feature-length movie/
for Searchlight Pictures.//

But there's more:/
she also wrote the screenplay.//
The president of Searchlight referred to Swift as a, quote,
"once-in-a-generation storyteller."//

No word so far on the topic of the movie.//

### 語注

**direct:**
《タイトル》～を監督する、演出する
**add A to B:**
AをBに加える、追加する
**amazing:**
驚くほど素晴らしい、すごい
**accomplishment:**
業績、実績
**feature-length:**
（映画などが）長編の
**screenplay:**
（映画などの）脚本、台本
**refer to A as B:**
AをBと呼ぶ、呼称する
**quote:**
引用始め
**once-in-a-generation:**
一世代に一度あるかないかの
**storyteller:**
語り手、物語作家
**(There is) no word on:**
～についての言及はない、情報はない
**so far:**
今のところ、これまでは
**topic:**
話題、テーマ

ポーズのところで区切った日本語訳です。区切り聞きした英語の意味を確認するほか、日本語を見て区切られた部分ごとに英語に言い換える「反訳」の練習(日→英サイトトランスレーション)をすれば発信型の英語力がアップします。



テイラー・スウィフトが新たな挑戦を加えようとしている/
彼女の驚嘆すべき業績のリストに。//
このシンガーソングライターは長編映画を監督することになっているのだ/
サーチライト・ピクチャーズ社のために。//

だが、それだけではない/
彼女はその脚本も書いた。//
サーチライト社の社長はスウィフトを称して、いわく、「一世代にひとりのストーリーテラー」と述べた。//

今のところ、映画のテーマに関する情報はない。//

ワンポイント解説

□タイトルの to Direct は、予定を表す〈be 動詞＋ to 不定詞〉の be 動詞が省略された形。報道メディアの記事タイトルやキャプションなどでは、よく be 動詞が省略される。

□最後の文は不完全文で、(There is) no word... ということ。

□映画会社サーチライト・ピクチャーズは、2022 年 12 月、テイラー・スウィフトが初めて長編映画のメガホンを取ると発表した。グラミー賞の年間最優秀アルバム賞を最多受賞した女性ソロアーティストであり、映画『アムステルダム』などで女優としても活躍してきたスウィフトは、ミュージックビデオですでに監督としての経験を積み、自身の楽曲を基に脚本と監督を手がけた短編映画では高い評価を得ている。

NEWS 11　ナチュラル音声［1回目］ Track 32　ゆっくり音声［ポーズなし］ Track 34　ナチュラル音声［2回目］ Track 73

イギリス英語です。まずは、ナチュラル音声を聞いて内容を推測しましょう。
次に、ページをめくって、ゆっくり音声（ポーズ入り）に進みましょう。

# Dead Spiders Used as Robots

Scientists have found a way to give new "life" to dead spiders by turning them into robots. Engineers from Rice University in Texas used wolf spiders for the study. They pump air into the dead spiders' legs. Then, using a needle and superglue, they're able to trigger the opening and closing of the legs to pick up objects. Researchers say the zombie spiders will be very useful in a lab, because they can carry more than their own body weight.

Aired on July 29, 2022

## リスニングのポイント

解説：南條健助（桃山学院大学国際教養学部准教授）

**イギリス英語では､「ア」のように聞こえる音で終わる二重母音が､長母音になる傾向がある。**

**4行目のair**

**［エー］**

**8行目のmore**

**［モー］**

イギリス英語では､「ア」のように聞こえる音で終わる二重母音が、長母音になる傾向があります。具体的には、本来［**エ**ア］のように聞こえる二重母音が［**エー**］のように聞こえたり、本来［**オ**ア］のように聞こえる二重母音が［**オー**］のように聞こえたりします。前者の例として、careが［**ケー**］のように、hairが［**ヘー**］のように、rareが［**レー**］のように、shareが［**シェー**］のように聞こえます。後者の例として、coreが［**コー**］のように、doorが［**ドー**］のように、floorが［フ**ロー**］のように、storeが［ス**トー**］のように聞こえます。いずれも日本語に入っている外来語とは響きが異なります。

「クモの脚はなぜ死んだ後に丸まるように縮むのか?」
という疑問から研究が始まりました。

# まるでゾンビ!?<br>クモの死体を「動くロボット」化

British

死んだクモをロボットに変えることによって、新たな「命」を与える方法を、科学者たちが見つけました。テキサス州にあるライス大学のエンジニアたちは、この研究にコモリグモを使いました。彼らは死んだクモの脚に空気を注入します。それから、注射針と強力接着剤を使えば、クモの脚を開いたり閉じたりする動作を引き起こし、物を拾い上げることができます。このゾンビのようなクモは、自身の体重より重い物を運べるため、研究室で大いに役立つだろうと研究チームは述べています。

(2022年11月号掲載)(訳　石黒円理)

### 重要ボキャブラリー

| | |
|---|---|
| □ **spider** [spáidər] | 《タイトル》クモ |
| □ **pump A into B** [pʌ́mp] | AをBに注入する、送り込む |
| □ **superglue** [sú:pərglù:] | 瞬間接着剤、強力接着剤 |
| □ **trigger** [trígər] | ～の引き金となる、～を引き起こす |
| □ **zombie** [zɔ́mbi │ zám-] | 生き返った死体の、ゾンビの |

### ニュースのミニ知識

クモは、通常、体内の水圧を変化させることで脚を開くという。死ぬと心臓からの圧力がかからなくなるため、脚を閉じて丸まった形になる。そこで試みられたのが、人工的に空気を送り込むことで、失われた脚の機能を回復させることだ。ライス大学の研究チームが実験を重ねた結果、ロボット化されてゾンビのようになったクモは、自身の質量の130%の物を持ち上げることができ、また約1000回使用できる耐久性があることが判明した。

## 区切り聞き／シャドーイング

ゆっくり音声［ポーズ入り］ Track 33

ゆっくり音声の適切な個所にポーズ（無言の間）が入れてあります。区切り聞きしてみましょう。
また、ポーズのところで、直前に聞き取った英語を自分で声に出すシャドーイング練習をしてみましょう。
自信がついたら、ポーズなしのゆっくり音声で、さらにはナチュラル音声でも練習してみてください。

Scientists have found a way to give new “life” to dead spiders/
by turning them into robots.//

Engineers from Rice University in Texas/
used wolf spiders for the study.//

They pump air into the dead spiders’ legs.//
Then, using a needle and superglue, /
they’re able to trigger the opening and closing of the legs/
to pick up objects.//

Researchers say/
the zombie spiders will be very useful in a lab, /
because they can carry more than their own body weight.//

### 語注

**spider:**
《タイトル》クモ
**find a way to do:**
～する方法を見つける、発見する
**turn A into B:**
AをBに変える
**engineer:**
工学者、エンジニア

**wolf spider:**
コモリグモ
**pump A into B:**
AをBに注入する、送り込む
**needle:**
針、注射針
**superglue:**
瞬間接着剤、強力接着剤

**trigger:**
～の引き金となる、～を引き起こす
**pick up:**
～を拾い上げる、持ち上げる
**object:**
物、物体

**zombie:**
生き返った死体の、ゾンビの
**useful:**
役に立つ、有益な
**lab:**
＝laboratory　実験室
**carry:**
～を運ぶ

ポーズのところで区切った日本語訳です。区切り聞きした英語の意味を確認するほか、日本語を見て区切られた部分ごとに英語に言い換える「反訳」の練習(日→英サイトトランスレーション)をすれば発信型の英語力がアップします。

科学者たちが死んだクモに新たな「命」を与える方法を見つけた/
それらをロボットに変えることによって。//

テキサス州にあるライス大学のエンジニアたちは/
この研究にコモリグモを使った。//

彼らは死んだクモの脚に空気を注入する。//
それから、注射針と強力接着剤を使えば/
彼らは脚を開いたり閉じたりする動作を引き起こすことができる/
物を拾い上げるために。//

研究者たちによると/
このゾンビのようなクモは研究室で大いに役立つだろう/
それらは自身の体重より重い物を運べるのだから。//



ワンポイント解説

□5行目と7行目のtheyはengineersを指すが、11行目のtheyはthe zombie spidersを指している。

□6行目ののusing以下は、「〜すれば」という条件を表す分詞構文。if they use a needle and superglue, などのように言い換えることができる。

□この研究は、米国テキサス州にあるライス大学で機械工学を研究する大学院生のフェイ・ヤップ氏が、部屋で見かけるクモの死骸はいつも脚が曲がっていることに気づき、その理由を所属する研究室の仲間とともに探求したことからスタートした。この研究は将来的に、小さなものを持ち上げるマイクログリッパーとして、半導体をはじめとするマイクロエレクトロニクスの組み立てでの活用が期待できるという。

NEWS 12 ナチュラル音声［1回目］ Track 35 ゆっくり音声［ポーズなし］ Track 37 ナチュラル音声［2回目］ Track 74

イギリス英語です。まずは、ナチュラル音声を聞いて内容を推測しましょう。
次に、ページをめくって、ゆっくり音声（ポーズ入り）に進みましょう。

# Yuzuru Hanyu Retires from Competition

Figure-skating fans worldwide are bidding farewell to one of sport's most accomplished stars. Yuzuru Hanyu of Japan says he's retiring from competition. The 27-year-old, known as the Ice Prince, has been plagued by ankle injuries. In his legendary career, Hanyu won back-to-back Olympic gold medals. His first, in 2014, made him the first Asian male ever to win figure-skating gold. He's also a two-time world champion and winner of the Grand Prix Final—four of them, in fact.

Aired on July 20, 2022

## TOEIC-style Questions

内容を正しく把握できたか、TOEIC® L&Rテスト Part 4形式の問題で確かめましょう。［正解は次ページ］

**1. What did Hanyu win four times?**

(A) The Grand Prix Final
(B) An Olympic gold medal
(C) The Ice Prince competition
(D) The title of world champion

**2. According to this news report, what was Hanyu the first Asian male to do?**

(A) Be known as the Ice Prince
(B) Retire from figure skating at the age of 27
(C) Win an Olympic gold medal in figure skating
(D) Become the world champion in figure skating

羽生選手は、2014年ソチ、2018年平昌の2大会で
五輪連覇の金字塔を打ち立てました。

# 「氷上のプリンス」羽生結弦、競技引退を表明

世界中のフィギュアスケートファンが、そのスポーツの最も完成されたスター選手のひとりに別れを告げることとなりました。日本の羽生結弦選手が競技から引退すると発表したのです。「氷上のプリンス」として知られるこの27歳は、ずっと足首のけがに悩まされてきました。その伝説的なキャリアの中で、羽生選手は2大会連続でオリンピックの金メダルを獲得しています。2014年の最初の金メダルで、彼は、フィギュアスケートの金メダルを獲得した史上初のアジア人男子となりました。羽生選手はさらに、世界選手権を2度制覇し、グランプリファイナルでも優勝を果たしています——実に4回も。

（2022年11月号掲載）（訳　石黒円理）

British

### 重要ボキャブラリー

| | |
|---|---|
| □ **retire from** [ritáiər] | 《タイトル》～から引退する、退職する |
| □ **bid farewell to** [fèərwél] | ～に別れを告げる、別れの挨拶をする |
| □ **accomplished** [əkɔ́mpliʃt \| əkɑ́m-] | 熟練の、完成された |
| □ **be plagued by** [pléigd] | ～に悩まされる、苦しめられる |
| □ **legendary** [lédʒəndèri] | 伝説的な、伝説になるような |

### TOEIC-style Questionsの答え

**1.** (A)

**2.** (C)

#### 設問の語注

| | |
|---|---|
| **title** | 称号、タイトル |
| **according to** | ～によると |

## 区切り聞き／シャドーイング

ゆっくり音声［ポーズ入り］ Track 36

ゆっくり音声の適切な個所にポーズ（無言の間）が入れてあります。区切り聞きしてみましょう。
また、ポーズのところで、直前に聞き取った英語を自分で声に出すシャドーイング練習をしてみましょう。
自信がついたら、ポーズなしのゆっくり音声で、さらにはナチュラル音声でも練習してみてください。

Figure-skating fans worldwide are bidding farewell/
to one of sport's most accomplished stars.//
Yuzuru Hanyu of Japan says/
he's retiring from competition.//

The 27-year-old, known as the Ice Prince,/
has been plagued by ankle injuries.//

In his legendary career,/
Hanyu won back-to-back Olympic gold medals.//
His first, in 2014, made him the first Asian male ever/
to win figure-skating gold.//
He's also a two-time world champion/
and winner of the Grand Prix Final—/
four of them, in fact.//

### 語注

**retire from:**
《タイトル》～から引退する、退職する
**competition:**
《タイトル》試合、競技
**figure-skating:**
フィギュアスケートの
**worldwide:**
世界中で、世界的に
**bid farewell to:**
～に別れを告げる、別れの挨拶をする
**accomplished:**
熟練の、完成された
**(be) known as:**
～として知られる、知られている
**be plagued by:**
～に悩まされる、苦しめられる
**ankle:**
足首、くるぶし
**injury:**
けが、負傷
**legendary:**
伝説的な、伝説になるような
**back-to-back:**
連続の、立て続けの
**make A B:**
AをBにする
**in fact:**
実は、実のところ

## [反訳]日→英サイトトランスレーション

**ポーズのところで区切った日本語訳です。区切り聞きした英語の意味を確認するほか、日本語を見て区切られた部分ごとに英語に言い換える「反訳」の練習(日→英サイトトランスレーション)をすれば発信型の英語力がアップします。**

世界中のフィギュアスケートファンが別れを告げることとなった/
そのスポーツの最も完成されたスター選手のひとりに。//
日本の羽生結弦選手は述べている/
彼は競技から引退すると。//

「氷上のプリンス」として知られるこの27歳は/
ずっと足首のけがに悩まされてきた。//

彼の伝説的なキャリアの中で/
羽生選手は2大会連続でオリンピックの金メダルを獲得した。//
2014年の最初の金メダルで彼は史上初のアジア人男子となった/
フィギュアスケートの金メダルを獲得したという点で。//
彼はさらに、2度の世界選手権王者である/
そしてグランプリファイナルの優勝者でもある——/
実に4回のファイナルの。//

British

### ワンポイント解説

□4行目は、「確定した近い将来」を表すため、現在進行形が用いられている。

□5行目は、...the Ice Prince, (who is) known as... ということ。

□12行目のthe Grand Prix Finalは、フィギュアスケート競技会グランプリシリーズ（6大会）の上位選手が出場する、決勝大会のこと。

□2022年7月19日、羽生結弦選手が、今後は競技会には出場せず、プロとして活動していくことを表明した。羽生選手の代名詞であるトリプルアクセル（3回転半ジャンプ）を組み込んだプログラム構成にとどまらず、近年では果敢にクワッドアクセル（4回転半ジャンプ）に挑戦するなど、常に高みを目指し続ける姿勢は、プロになった後も多くの観衆を引きつけることになるだろう。

イギリス英語です。まずは、ナチュラル音声を聞いて内容を推測しましょう。
次に、ページをめくって、ゆっくり音声（ポーズ入り）に進みましょう。

# Sea Turtles Face Breeding Crisis

An unexpected result of climate change: high temperatures in Florida are causing 99 percent of sea turtles born on its beaches to be born female. Scientists say the temperatures of the sand eggs are buried in determine the turtles' sex, with eggs incubated at higher temperatures producing females. They warn that if the trend continues, there won't be enough males to keep the population growing.

Aired on August 4, 2022

### TOEIC-style Questions

内容を正しく把握できたか、TOEIC® L&RテストPart 4形式の問題で確かめましょう。［正解は次ページ］

**1. What is reported to be happening in Florida because of climate change?**

(A) The sea-turtle population is growing at a high rate.

(B) Sea turtles are laying too many eggs on the beaches.

(C) Almost all of the sea turtles being born there are female.

(D) The sand has become too hot to incubate sea-turtle eggs.

**2. What determines the sex of sea turtles?**

(A) What female sea turtles eat

(B) The temperature of the sea

(C) How long the eggs are incubated for

(D) The temperature at which the eggs are incubated

ウミガメは1年に複数回産卵し、
1度に約100個の卵を産むそうです。

# 生まれる子はメスばかり！ 繁殖危機のウミガメ

気候変動の予期せぬ結果です。フロリダ州の気温上昇により、州内の海岸で生まれるウミガメの99%がメスとして生まれるという事態が引き起こされているのです。科学者たちによると、卵の埋められている砂の温度がウミガメの性別を決定し、より高温で卵がふ化するとメスが生まれることになるのです。この傾向が続けば、ウミガメの個体数が増え続けるのに十分な数のオスがいなくなってしまうだろうと、科学者たちは警鐘を鳴らしています。

(2022年12月号掲載)(訳　石黒円理)

British

### 重要ボキャブラリー

| | |
|---|---|
| □ **breeding** [brí:diŋ] | 《タイトル》繁殖、交配 |
| □ **temperature** [témpərtʃùər] | 温度、気温 |
| □ **bury A in B** [béri] | AをBに埋める |
| □ **determine** [ditə́:min] | ～を決定する、確定させる |
| □ **incubate** [ínkjubèit] | ～をふ化させる |

### TOEIC-style Questionsの答え

**1.** (C)

**2.** (D)

設問の語注

| | |
|---|---|
| **because of** | ～のせいで、～の理由で |
| **at a...rate** | …の速度で、ペースで |
| **lay an egg** | 卵を産む、産卵する |

## 区切り聞き／シャドーイング

ゆっくり音声［ポーズ入り］ Track 39

ゆっくり音声の適切な個所にポーズ(無言の間)が入れてあります。区切り聞きしてみましょう。
また、ポーズのところで、直前に聞き取った英語を自分で声に出すシャドーイング練習をしてみましょう。
自信がついたら、ポーズなしのゆっくり音声で、さらにはナチュラル音声でも練習してみてください。

An unexpected result of climate change:/
high temperatures in Florida/
are causing 99 percent of sea turtles born on its beaches/
to be born female.//

Scientists say/
the temperatures of the sand eggs are buried in/
determine the turtles' sex,/
with eggs incubated at higher temperatures producing females.//

They warn/
that if the trend continues,/
there won't be enough males/
to keep the population growing.//

### 語注

**sea turtle:** 《タイトル》ウミガメ
**breeding:** 《タイトル》繁殖、交配
**unexpected:** 予期していなかった、思いがけない
**climate change:** 気候変動、地球温暖化
**temperature:** 温度、気温
**cause...to do:** …が～する事態を引き起こす、…に～させる
**(be) born:** 生まれる、誕生する
**bury A in B:** AをBに埋める
**determine:** ～を決定する、確定させる
**incubate:** ～をふ化させる
**produce:** ～を生み出す、生じさせる
**warn that:** ～であると警告する、警鐘を鳴らす
**trend:** 傾向、トレンド
**keep...doing:** …に～させ続ける
**population:** 生息個体数

## [反訳]日→英サイトトランスレーション

**ポーズのところで区切った日本語訳です。区切り聞きした英語の意味を確認するほか、日本語を見て区切られた部分ごとに英語に言い換える「反訳」の練習(日→英サイトトランスレーション)をすれば発信型の英語力がアップします。**

気候変動の予期せぬ結果だ /
フロリダ州での高温が /
その海岸で生まれるウミガメの99%に引き起こしている /
メスとして生まれるということを。//

科学者たちによると /
卵が埋められている砂の温度が /
ウミガメの性別を決定する /
そして、より高い温度でふ化させた卵はメスを生じる。//

彼らは警告している /
もしこの傾向が続けば /
十分なオスがいないことになる /
個体数を増やし続けるのに。//

British

### ワンポイント解説

□ 3行目の born on its beaches は、sea turtles を後ろから修飾している。

□ 6行目は、...the sand (which/that) the eggs are buried in ということ。

□ 8行目の with 以下は、付帯状況を表す独立分詞構文で、and eggs (which/that are) incubated... ということ。

□誕生するウミガメの性別に偏りが生じている背景には、地球温暖化の影響がある。ウミガメの雌雄は「温度依存性決定」という仕組みで決まり、卵が埋められている地中の温度が29.3度を超すと、ふ化する個体の多くがメスになることが分かっている。フロリダと同様の事例は、遠く離れたオーストラリアにおいても起きており、300匹以上の誕生したばかりのウミガメのほとんどがメスであったと報告されている。

NEWS 14　ナチュラル音声［1回目］ Track 41　ゆっくり音声［ポーズなし］ Track 43　ナチュラル音声［2回目］ Track 76

イギリス英語です。まずは、ナチュラル音声を聞いて内容を推測しましょう。
次に、ページをめくって、ゆっくり音声（ポーズ入り）に進みましょう。

# NASA Impactor to Hit Asteroid Moon

In just a few days, NASA will test out a mission that sounds straight out of a Hollywood movie: a spacecraft that will deliberately crash into an asteroid's moon. The mission launched 10 months ago to see how the impact will affect the motion and direction of an asteroid in space. Scientists believe this demonstration of deflection technology can help protect the planet if, God forbid, an asteroid is ever on track to hit Earth.

Aired on September 23, 2022

### TOEIC-style Questions

内容を正しく把握できたか、TOEIC® L&Rテスト Part 4形式の問題で確かめましょう。［正解は次ページ］

**1. What did NASA plan for the spacecraft to do?**

(A) Land on an asteroid
(B) Crash into an asteroid's moon
(C) Film an asteroid for a Hollywood movie
(D) Film the impact of an asteroid with its moon

**2. What do scientists want to use this technology for?**

(A) Protecting Earth
(B) Exploring the moon
(C) Launching spacecraft
(D) Monitoring asteroids

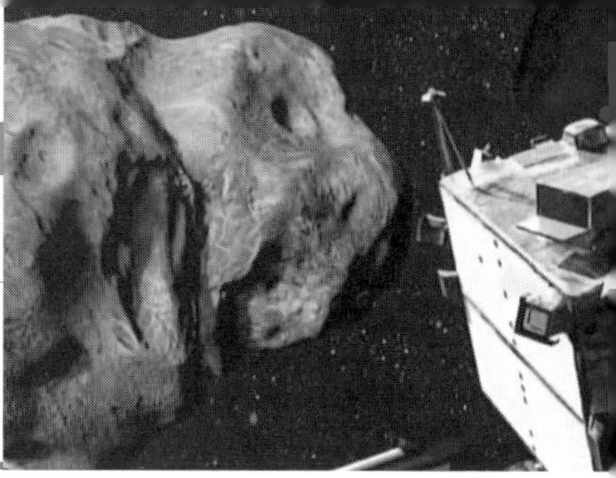

地球の安全を確保するために、
かつては考えられなかったことが行われています。

# 地球衝突回避へ、小惑星の軌道を変える実験

わずか数日後に、NASA（米国航空宇宙局）はハリウッド映画さながらのミッションを試す予定です。それは、宇宙探査機を小惑星の衛星に故意に衝突させるというものです。このミッションは10カ月前に開始されましたが、その目的は宇宙にある小惑星の動きと進行方向に、（衝突の）衝撃がどのような影響をもたらすかを調査することです。今回の進路をそらす技術の実証実験は、あってはならないことですが、もしも小惑星が地球に衝突する軌道上にあったりした場合、地球を守るのに役立つだろうと研究チームは考えています。

（2023年1月号掲載）（訳　石黒円理）

British

### 重要ボキャブラリー

| | |
|---|---|
| □ **asteroid** [ǽstərɔ̀id] | 《タイトル》小惑星 |
| □ **spacecraft** [spéiskræ̀ft] | 宇宙船、宇宙探査機 |
| □ **deliberately** [dilíbərətli] | わざと、故意に |
| □ **deflection** [diflékʃən] | 進路をそらすこと、方向をずらすこと |
| □ **God forbid** [fərbíd] | とんでもない、そんなことがあってたまるか |

### TOEIC-style Questionsの答え

**1.**（B）

**2.**（A）

**設問の語注**

| | |
|---|---|
| **land on** | ～に着陸する |
| **film** | ～を撮影する |
| **explore** | ～を探検する、探査する |
| **monitor** | ～を監視する |

## 区切り聞き／シャドーイング

ゆっくり音声［ポーズ入り］ Track 42

ゆっくり音声の適切な個所にポーズ（無言の間）が入れてあります。区切り聞きしてみましょう。
また、ポーズのところで、直前に聞き取った英語を自分で声に出すシャドーイング練習をしてみましょう。
自信がついたら、ポーズなしのゆっくり音声で、さらにはナチュラル音声でも練習してみてください。

In just a few days,/
NASA will test out a mission/
that sounds straight out of a Hollywood movie:/
a spacecraft that will deliberately crash into an asteroid's moon.//

The mission launched 10 months ago/
to see how the impact will affect/
the motion and direction of an asteroid in space.//

Scientists believe/
this demonstration of deflection technology can help protect the planet/
if, God forbid, an asteroid is ever on track/
to hit Earth.//

語注

**impactor:**
《タイトル》衝突体、インパクター
**asteroid:**
《タイトル》小惑星
**moon:**
《タイトル》（天体の）衛星
**test out:**
～を試す、テストする
**mission:**
（宇宙船の）飛行任務、ミッション
**straight out of:**
～から抜け出たような
**spacecraft:**
宇宙船、宇宙探査機
**deliberately:**
わざと、故意に
**crash into:**
～に衝突する､突っ込む
**launch:**
開始する、始める
**demonstration :**
実演、実証
**deflection:**
進路をそらすこと、方向をずらすこと
**the planet:**
地球
**God forbid:**
とんでもない、そんなことがあってたまるか
**be on track to do:**
～する軌道に乗っている、～しようとしている

## ［反訳］日→英サイトトランスレーション

ポーズのところで区切った日本語訳です。区切り聞きした英語の意味を確認するほか、日本語を見て区切られた部分ごとに英語に言い換える「反訳」の練習(日→英サイトトランスレーション)をすれば発信型の英語力がアップします。

わずか数日後に/
NASA（米国航空宇宙局）はあるミッションを試す予定だ/
そのミッションはハリウッド映画からそのまま抜け出してきたように思える/
すなわち、小惑星の衛星に故意に衝突する宇宙探査機だ。//

このミッションは10カ月前に開始された/
その衝撃がどのような影響をもたらすかを調べるために/
宇宙にある小惑星の動きと進行方向に。//

科学者たちの考えでは/
（小惑星の）進路をそらす技術をこうして実証することは、地球を守るのに役立つのだ/
あってはならないことだが、もしも小惑星が軌道上にあって/
それが地球に衝突しようとしていたりする場合には。//



### ワンポイント解説

□3行目と4行目のthat節は、a missionおよびa spacecraftを後ろから修飾している。

□9行目のcanについては、「地球を守る」のは未来の話なので、willやwill be able toとするのがより自然。

□11行目のGod forbidは挿入句。God forbid (that) an asteroid...to hit Earth.と考える。

□このニュースが報じられた後の2022年10月11日、NASAは無人探査機DART（ダート）を直径約160メートルの小惑星の衛星「ディモルフォス」に衝突させる実験に成功したと発表した。ディモルフォスは、より大きい別の小惑星「ディディモス」とお互いに周回している二重小惑星のひとつで、DARTはDouble Asteroid Redirection Test（二重小惑星進路変更実験）の頭文字をとったもの。

NEWS 15 ナチュラル音声［1回目］ Track 44 ゆっくり音声［ポーズなし］ Track 46 ナチュラル音声［2回目］ Track 77

イギリス英語です。まずは、ナチュラル音声を聞いて内容を推測しましょう。
次に、ページをめくって、ゆっくり音声（ポーズ入り）に進みましょう。

# New Finding on Alcohol-Related Deaths

And another study reveals a deadly statistic about adult drinking in the US. According to the report, published on Tuesday, an estimated one in five deaths of people between the ages of 20 and 49 are due to excessive alcohol use. Deaths studied ranged from vehicle accidents to alcohol poisoning and liver disease. Unsurprisingly, health experts recommend cutting back or quitting alcohol altogether.

Aired on November 2, 2022

### TOEIC-style Questions

内容を正しく把握できたか、TOEIC® L&Rテスト Part 4 形式の問題で確かめましょう。［正解は次ページ］

1. Approximately what percentage of deaths among 20- to 49-year-olds are thought to occur because of alcohol use?

(A) 1 percent
(B) 5 percent
(C) 10 percent
(D) 20 percent

2. What is mentioned as causing the deaths that the study looked at?

(A) Vehicle accidents
(B) Alcohol poisoning
(C) Liver disease
(D) All of the above

「酒は百薬の長」とも言いますが、
毒になることも多そうです。

# 米国の成人の死亡原因、トップは飲酒！

British

そしてまた新たな研究が米国における成人の飲酒に関して恐ろしい統計を明らかにしています。火曜日に発表されたその報告書によれば、20歳から49歳までの死亡事例のうち、推定で5件に1件が過度の飲酒によるものだそうです。調査の対象となった死亡事例は自動車事故からアルコール中毒、肝疾患までにわたっていました。当然、保健専門家は飲酒を減らすか完全にやめることを推奨しました。

（2023年3月号掲載）（訳　編集部）

### 重要ボキャブラリー

| | |
|---|---|
| □ **statistic** [stətístik] | 統計値、統計量 |
| □ **excessive** [iksésiv] | 過度の、過剰な |
| □ **vehicle accident** [ví:əkl] | 車両事故、自動車事故 |
| □ **alcohol poisoning** [pɔ́izəniŋ] | アルコール中毒、アル中 |
| □ **liver disease** [dizí:z] | 肝臓病、肝疾患 |

### TOEIC-style Questionsの答え

**1.** (D)

**2.** (D)

#### 設問の語注

| | |
|---|---|
| **approximately** | 大体〜、〜前後 |
| **occur** | 起こる、生じる |
| **mention** | 〜に言及する |
| **the above** | 上記のもの、上述したこと |

写真：Master1305/Shutterstock.com

## 区切り聞き／シャドーイング

ゆっくり音声［ポーズ入り］ Track 45

ゆっくり音声の適切な個所にポーズ（無言の間）が入れてあります。区切り聞きしてみましょう。
また、ポーズのところで、直前に聞き取った英語を自分で声に出すシャドーイング練習をしてみましょう。
自信がついたら、ポーズなしのゆっくり音声で、さらにはナチュラル音声でも練習してみてください。

And another study reveals a deadly statistic/
about adult drinking in the US.//

According to the report, published on Tuesday,/
an estimated one in five deaths of people between the ages of 20 and 49/
are due to excessive alcohol use.//

Deaths studied ranged from vehicle accidents to alcohol poisoning and liver disease.//

Unsurprisingly,/
health experts recommend/
cutting back or quitting alcohol altogether.//

### 語注

**reveal:**
～を公開する、明らかにする
**deadly:**
恐ろしい、ひどい
**statistic:**
統計値、統計量
**publish:**
～を発表する、公表する

**an estimated:**
およそ～、推定～
**be due to:**
～が原因である、～のせいである
**excessive:**
過度の、過剰な
**range from A to B:**
AからBまでにわたる

**vehicle accident:**
車両事故、自動車事故
**alcohol poisoning:**
アルコール中毒、アル中
**liver disease:**
肝臓病、肝疾患
**unsurprisingly:**
意外でもなく、当然に

**recommend doing:**
～することを勧める、推奨する
**cut back:**
～を減らす、控える
**quit:**
～をやめる
**altogether:**
完全に、すっかり

## [反訳]日→英サイトトランスレーション

**ポーズのところで区切った日本語訳です。区切り聞きした英語の意味を確認するほか、日本語を見て区切られた部分ごとに英語に言い換える「反訳」の練習(日→英サイトトランスレーション)をすれば発信型の英語力がアップします。**

そしてまた新たな研究が恐ろしい統計を明らかにしている/
米国における成人の飲酒に関して。//

火曜日に発表されたその報告書によれば/
20歳から49歳までの人たちが亡くなった事例のうち、推定で5件に1件の事例が/
過度の飲酒によるものだという。//

調査の対象となった死亡事例は交通事故からアルコール中毒、肝疾患までにわたっていた。//

当然/
保健専門家は推奨した/
飲酒を減らすか完全にやめることを。//



### ワンポイント解説

□7行目のDeaths studied ranged...は、Deathsが主語で、studiedは直前のDeathsを後ろから修飾する過去分詞であり、述語動詞ではないことに注意。述語動詞はranged(こちらは過去形)である。なお、「過去分詞が単独で名詞を修飾する場合、前置修飾となる」というように習うことが多いが、持続性のない、一度きりの行為である場合、単独であっても後置修飾となることもありえる。

□2022年11月に米国の医学誌に発表された論文によると、米国において20～49歳で死亡した人のうち、推定5人に1人は飲みすぎが原因だということが分かった。20～64歳に年齢層を広げた場合、飲酒関連の死亡は8人に1人だった。論文の筆頭筆者である米国疾病対策センター(CDC)のマリッサ・エッサー氏によると、州によって違いはあるが、国全体で見ると飲酒関連の死亡は「予防できる死」のトップといえる。

NEWS 16 ナチュラル音声［1回目］ Track 47 ゆっくり音声［ポーズなし］ Track 49 ナチュラル音声［2回目］ Track 78

**オーストラリア英語です。まずは、ナチュラル音声を聞いて内容を推測しましょう。**
**次に、ページをめくって、ゆっくり音声（ポーズ入り）に進みましょう。**

# Breakthrough in Nuclear Fusion

The US Energy Department is set to announce scientists in California have successfully produced a nuclear-fusion reaction which gave off more energy than it consumed. It's the same process that powers the sun. It's different from fission, which is how existing nuclear reactors work, and fusing atoms doesn't produce volatile radioactive waste. Now, here's the catch: the energy produced by fusion lasts only a few seconds, and the process is expensive.

Aired on December 13, 2022

### リスニングのポイント

解説：南條健助（桃山学院大学国際教養学部准教授）

**最近のオーストラリア英語やイギリス英語では、[デュ]の音が、しばしば [ヂュ]のように聞こえる。**

**2行目のproduced a**
［プ**ヂュ**ースタ］
**6行目のproduce**
［プ**ヂュ**ース］
**7行目のproduced by**
［プ**ヂュ**ース（ト）バイ］

produceは、日本語では「プロデュース」と言いますが、最近のオーストラリア英語やイギリス英語では、［デュ］の音が、しばしば［ヂュ］のように聞こえます。その結果、produceの-duceの部分が、juiceと同じ発音になります。同様に、reduceも［リ**ヂュ**ース］のように聞こえます。ほかにも、dualが［**ヂュ**ーオ］のように聞こえ、jewelと同じ発音になったり、dueが［**ヂュ**ー］のように聞こえ、Jewと同じ発音になったりします。dutyも、日本語では「デューティー」と言いますが、［**ヂュ**ーティー］のように聞こえます。

懐疑的な見方もあった理論の正しさが
実験成功によって証明されました。

# 核融合で画期的成果！
# 投入上回るエネルギーを生成

米国エネルギー省は、カリフォルニア州の研究チームが核融合反応により、投入量を上回るエネルギーを出力することに成功したと発表する予定です。これは、太陽にエネルギーが生じるのと同じプロセスです。核融合は、既存の原子炉を稼働させる技術である核分裂とは異なりますし、また原子を融合させることは危険な放射性廃棄物を生み出しません。ただ難点もあります。つまり、核融合によって生み出されるエネルギーは数秒しかもたず、生産過程には多大な費用がかかるのです。

（2023年4月号掲載）（訳　石黒円理）

Australian

### 重要ボキャブラリー

- □ **nuclear fusion** [njùːkliə fjúːʒən]　《タイトル》核融合
- □ **fission** [fíʃən]　核分裂
- □ **nuclear reactor** [riǽktər]　原子炉
- □ **volatile** [vɔ́lətàil | vάlətəl]　不安定な、危険な
- □ **radioactive waste** [rèidiouǽktiv]　放射性廃棄物

### ニュースのミニ知識

2022年12月に米国カリフォルニア州ローレンス・リバモア国立研究所で確認された現象は、「核融合点火（fusion ignition）」といわれるもので、原子を互いに衝突させ融合させる過程でエネルギーが放出される現象である。実験では、レーザーで投入した分（約2メガジュール）の約1.5倍のエネルギー（約3メガジュール）を発生させることができたという。

## 区切り聞き／シャドーイング

ゆっくり音声［ポーズ入り］ Track 48

ゆっくり音声の適切な個所にポーズ（無言の間）が入れてあります。区切り聞きしてみましょう。
また、ポーズのところで、直前に聞き取った英語を自分で声に出すシャドーイング練習をしてみましょう。
自信がついたら、ポーズなしのゆっくり音声で、さらにはナチュラル音声でも練習してみてください。

The US Energy Department is set to announce/
scientists in California have successfully produced a nuclear-fusion reaction/
which gave off more energy than it consumed.//
It's the same process that powers the sun.//

It's different from fission,/
which is how existing nuclear reactors work,/
and fusing atoms doesn't produce volatile radioactive waste.//

Now, here's the catch:/
the energy produced by fusion lasts only a few seconds,/
and the process is expensive.//

語注

**breakthrough:**
《タイトル》飛躍的進歩、急進展
**nuclear fusion:**
《タイトル》核融合
**be set to do:**
～することになっている、～する予定である
**give off:**
～を出す、発する
**consume:**
～を消費する、費やす
**power:**
～の原動力となる、～に動力を供給する
**fission:**
核分裂
**existing:**
既存の、従来の
**nuclear reactor:**
原子炉
**fuse:**
～を融合させる、結合させる
**atom:**
原子
**volatile:**
不安定な、危険な
**radioactive waste:**
放射性廃棄物
**catch:**
問題点、難点
**last:**
続く、持続する

**ポーズのところで区切った日本語訳です。区切り聞きした英語の意味を確認するほか、日本語を見て区切られた部分ごとに英語に言い換える「反訳」の練習(日→英サイトトランスレーション)をすれば発信型の英語力がアップします。**

米国エネルギー省は発表する予定だ/
カリフォルニア州の科学者たちが成功裏に核融合反応を生じさせたということを/
その核融合反応は消費するよりも多くのエネルギーを出力した。//
それは太陽にエネルギーをもたらすのと同じプロセスだ。//

それは核分裂とは異なる/
核分裂は既存の原子炉が稼働する仕組みだ/
そして原子を融合させることは危険な放射性廃棄物を生み出さない。//

ただ、以下のような難点がある/
核融合によって生み出されるエネルギーは数秒しかもたない/
さらに、このプロセスには多大な費用がかかる。//



**ワンポイント解説**

□4行目の which は関係代名詞の制限用法。また、more...than で「〜するよりも多くの…」の意になる。

□7行目の which は、4行目とは異なり、関係代名詞の非制限(継続)用法。It's different from fission and fusing atoms... という文の間に which 節が挿入された形になっている。

□現在、核分裂によりエネルギーを取り出す原子力発電が活用されているが、副産物として生じる放射性廃棄物の処理が大きな問題となっている。核融合発電では、短期的な放射性廃棄物の量を少なく抑えることができるため、従来の原子力発電と比較すると、大きな利点がある。期待が高まる核融合発電だが、この技術の実用化にはさらに数十年かかると予想する専門家の声もある。

オーストラリア英語です。まずは、ナチュラル音声を聞いて内容を推測しましょう。
次に、ページをめくって、ゆっくり音声（ポーズ入り）に進みましょう。

# Cheaper Meals for Aquarium Penguins

Well, it turns out people aren't the only ones fed up with inflation. An aquarium in Japan has had to use mackerel to feed its penguins, because their favorite fish, called *aji*, is too expensive. But as you can see by their reactions, the penguins are not very happy with the change in meals. So the workers—well, they had to get creative. They mixed the mackerel with a little *aji*, and the animals seemed pretty OK with that.

Aired on July 13, 2022

## TOEIC-style Questions

内容を正しく把握できたか、TOEIC® L&Rテスト Part 4形式の問題で確かめましょう。［正解は次ページ］

**1. Why did the aquarium workers start feeding mackerel to these penguins?**

(A) Because *aji* cost too much
(B) Because they learned that mackerel is the penguins' favorite food
(C) Because they wanted to give the penguins more variety in their food
(D) Because the penguins didn't like their usual food

**2. What were the penguins given to eat in the end?**

(A) Just *aji*
(B) Only mackerel
(C) Only their favorite fish
(D) A mixture of two kinds of fish

このところの物価高騰のしわよせが
水族館にまで及んでいます。

# サバよりアジが好きなのに！ペンギンも困る物価高

さて、物価高騰にうんざりしているのは人間だけではないことが分かりました。日本のある水族館ではペンギンのえさにサバを使わなければなりませんでしたが、それはペンギンの好物であるアジという魚が高すぎるからです。しかし、ペンギンたちの反応を見れば分かるように、ペンギンたちはえさの変更にいささか不満げです。そこで飼育員たちは——まあ、ひと工夫凝らさねばならなかったのです。飼育員たちが少量のアジをサバに混ぜたところ、ペンギンたちはまんざらでもなさそうでした。

（2022年11月号掲載）（訳　編集部）

Australian

### 重要ボキャブラリー

| | |
|---|---|
| □ **aquarium** [əkwéəriəm] | 《タイトル》水族館 |
| □ **(be) fed up with** [féd ʌp] | ～にうんざりしている |
| □ **inflation** [infléiʃən] | 物価高騰、インフレ |
| □ **mackerel** [mǽkərəl] | （魚の）サバ |
| □ **feed** [fíːd] | ～に食物を与える、えさを与える |

### TOEIC-style Questionsの答え

**1.** (A)
**2.** (D)

**設問の語注**

| | |
|---|---|
| **cost** | お金がかかる、費用がかかる |
| **variety** | 多様性、種類の多さ |
| **usual** | 通常の、いつもの |
| **mixture** | 混合物、混ざった物 |

写真：AnatolyPm/Wikimedia Commons

## 区切り聞き／シャドーイング

ゆっくり音声［ポーズ入り］ Track 51

ゆっくり音声の適切な個所にポーズ（無言の間）が入れてあります。区切り聞きしてみましょう。
また、ポーズのところで、直前に聞き取った英語を自分で声に出すシャドーイング練習をしてみましょう。
自信がついたら、ポーズなしのゆっくり音声で、さらにはナチュラル音声でも練習してみてください。

Well, it turns out people aren't the only ones fed up with inflation.//
An aquarium in Japan has had to use mackerel to feed its penguins,/
because their favorite fish, called *aji*, is too expensive.//

But as you can see by their reactions,/
the penguins are not very happy with the change in meals.//

So the workers—/
well, they had to get creative.//
They mixed the mackerel with a little *aji*,/
and the animals seemed pretty OK with that.//

### 語注

**meal:**
《タイトル》食事、食べ物
**aquarium:**
《タイトル》水族館
**penguin:**
《タイトル》ペンギン
**It turns out (that):**
～であることが分かる、判明する

**(be) fed up with:**
～にうんざりしている
**inflation:**
物価高騰、インフレ
**mackerel:**
（魚の）サバ
**feed:**
～に食べ物を与える、えさを与える

**favorite:**
大好きな、好みの
**reaction:**
反応、リアクション
**be happy with:**
～に満足している
**creative:**
創造的な、想像力に富んだ

**mix A with B:**
AとBを混ぜる、混ぜ合わせる
**(be) OK with:**
～でも構わない、～に甘んじる
**pretty:**
かなり、相当

## [反訳]日→英サイトトランスレーション

**ポーズのところで区切った日本語訳です。区切り聞きした英語の意味を確認するほか、日本語を見て区切られた部分ごとに英語に言い換える「反訳」の練習(日→英サイトトランスレーション)をすれば発信型の英語力がアップします。**

さて、物価高騰にうんざりしているのは人間だけではないことが分かった。//
日本のある水族館ではペンギンにえさを与えるのにサバを使わなければならなかった/
ペンギンの好物であるアジという魚が高すぎるためだ。//

だが、ペンギンたちの反応を見れば分かるように/
ペンギンたちはえさの変更にいささか不満げである。//

そこで飼育員たちは―― /
まあ、ひと工夫凝らさねばならなかった。//
彼らは少量のアジをサバに混ぜたのだ/
そうしたところ、ペンギンたちはまんざらでもなさそうだった。//



### ワンポイント解説

□ 1文目の fed は過去分詞。fed up with... は後ろから ones を修飾している。

□アジは、*aji* とそのまま言われていることからも分かるように、英語圏ではなじみのない魚。

□最後の行の (be) OK with はニュアンスに注意。日本語の「オーケー」とは異なり、「不満はない、まずまずだと思う」くらいの意味だ。

□じわじわと物価が値上がりしている日本だが、2022年7月、神奈川県にある箱根園水族館の飼育員たちの苦労が話題になった。ペンギンをはじめカワウソやアザラシなど、同水族館には魚のアジを好物とする動物が多いのだが、アジの値段が2カ月で3割近く上がってしまったため、安価なサバをえさにしたところ、食いつきが悪くなったのだ。そこで、サバにアジを混ぜるなど、工夫を凝らしているという。

NEWS 18 | ナチュラル音声［1回目］ Track 53 | ゆっくり音声［ポーズなし］ Track 55 | ナチュラル音声［2回目］ Track 80

オーストラリア英語です。まずは、ナチュラル音声を聞いて内容を推測しましょう。
次に、ページをめくって、ゆっくり音声（ポーズ入り）に進みましょう。

# Dogs May Cry Tears of Joy

For the first time, scientists have linked dogs' tears to emotion. It appears they cry tears of joy when reunited with their owners. Japanese researchers measured the amount of dog tears before and after reunions with their owners after up to seven hours of separation. They then compared how the dogs reacted to reunions with other people the dogs knew but were not their owners. Only the reunions with owners increased the amount of tears.

Aired on August 23, 2022

### TOEIC-style Questions

内容を正しく把握できたか、TOEIC® L&Rテスト Part 4形式の問題で確かめましょう。［正解は次ページ］

**1. When did the dogs produce the most tears?**

(A) Before their separation from their owners

(B) During their separation from their owners

(C) After they were reunited with their owners

(D) After they met people who were not their owners

**2. For how long were the dogs separated from their owners?**

(A) Up to seven hours

(B) More than seven hours

(C) Several days

(D) Over a week

ペットが涙を流してまで再会を喜んでくれたら、
飼い主は外出の疲れも吹き飛びそう。

# 「犬もうれし涙を流す」と日本の研究チームが発表

ある研究チームが初めて、犬の涙と感情を関連づけました。どうやら犬は飼い主と再会したときに、うれし涙を流すようです。日本の研究チームは、飼い主と犬を最長7時間も引き離した後、両者を再会させる前と後に、犬の涙の量を測定しました。研究チームはさらに、見覚えはあるが飼い主ではない人と再会したときの犬の反応を比較しました。犬の涙の量が増えたのは、飼い主と再会したときだけでした。

（2022年12月号掲載）（訳　石黒円理）



### 重要ボキャブラリー

| | |
|---|---|
| □ **reunite A with B** [rìːjuːnáit] | AをBと再び一緒にする、再会させる |
| □ **measure** [méʒər] | ～を測る、測定する |
| □ **reunion** [riːjúːnjən] | 再び一緒になること、再会 |
| □ **separation** [sèpəréiʃən] | 分離、別れ |
| □ **compare** [kəmpéər] | ～を比較する、対比する |

### TOEIC-style Questionsの答え

**1.** (C)

**2.** (A)

#### 設問の語注

| | |
|---|---|
| **produce** | ～を生み出す、作り出す |
| **separate A from B** | BからAを切り離す、引き離す |

写真：Wikimedia Commons

## 区切り聞き／シャドーイング

ゆっくり音声［ポーズ入り］ Track 54

ゆっくり音声の適切な個所にポーズ（無言の間）が入れてあります。区切り聞きしてみましょう。
また、ポーズのところで、直前に聞き取った英語を自分で声に出すシャドーイング練習をしてみましょう。
自信がついたら、ポーズなしのゆっくり音声で、さらにはナチュラル音声でも練習してみてください。

For the first time,/
scientists have linked dogs' tears to emotion.//
It appears/
they cry tears of joy/
when reunited with their owners.//

Japanese researchers measured the amount of dog tears/
before and after reunions with their owners/
after up to seven hours of separation.//

They then compared how the dogs reacted/
to reunions with other people/
the dogs knew but were not their owners.//
Only the reunions with owners increased the amount of tears.//

### 語注

**cry tears of joy:**
《タイトル》うれし涙を流す
**for the first time:**
初めて、最初に
**link A to B:**
AをBに結び付ける、関連づける
**emotion:**
感情
**It appears (that):**
～であるように見える、思われる
**reunite A with B:**
AをBと再び一緒にする、再会させる
**measure:**
～を測る、測定する
**the amount of:**
～の量、分量
**reunion:**
再び一緒になること、再会
**up to:**
最大で～まで
**separation:**
分離、別れ
**compare:**
～を比較する、対比する
**react to:**
～に反応する
**increase:**
～を増やす

## [反訳]日→英サイトトランスレーション

**ポーズのところで区切った日本語訳です。区切り聞きした英語の意味を確認するほか、日本語を見て区切られた部分ごとに英語に言い換える「反訳」の練習(日→英サイトトランスレーション)をすれば発信型の英語力がアップします。**

初めて /
科学者たちが犬の涙を感情に結び付けた。//
どうやら以下のようだと思われる /
犬は喜びの涙を流すのだ /
飼い主と再会したときに。//

日本の研究者たちは犬の涙の量を測定した /
飼い主に再会する前と後で /
最長7時間も引き離した後で。//

その後、彼らは犬がどう反応するかを比較した /
他の人々との再会に対して /
その人たちを犬は知っていたが飼い主ではなかった。//
飼い主との再会のみが涙の量を増加させた。//



### ワンポイント解説

□9～11行目の文は、how以下がcomparedの目的語になっている。

□11行目では、関係代名詞の省略された形容詞節が2つ、接続詞butによって結ばれている。(whom) the dogs knew but (who) were not their owners. と考えるとよい。最初の関係代名詞が目的格、2つ目が主格であることに注意。双方とも、先行詞は前行のother people。

□今回の発表は、日本の麻布大、自治医科大、慶應義塾大による共同研究によるもの。実験では一般家庭で飼われている18頭の犬に対し、涙の量を測定する方法が用いられた。一般に犬の涙は流れ落ちることはない。研究では、「シルマー涙試験」という、まぶたの裏に紙片を1分間挿入して、それを調査する方法が用いられた。実験ではまず施設で犬を預かり、5時間以上離ればなれにした後で、飼い主と再会させた。

NEWS 19 ナチュラル音声［1回目］Track 56 ゆっくり音声［ポーズなし］Track 58 ナチュラル音声［2回目］Track 81

オーストラリア英語です。まずは、ナチュラル音声を聞いて内容を推測しましょう。
次に、ページをめくって、ゆっくり音声（ポーズ入り）に進みましょう。

# Respect for Marriage Act Becomes Law

US President Joe Biden has signed the Respect for Marriage Act into law. The landmark law provides federal protections to same-sex and interracial couples and requires states to honor marriages performed in other states. Mr. Biden emphasized that everyone must be treated with equal dignity and respect. And to mark the historic day, the White House was lit up in rainbow colors.

Aired on December 14, 2022

### TOEIC-style Questions

内容を正しく把握できたか、TOEIC® L&Rテスト Part 4形式の問題で確かめましょう。［正解は次ページ］

**1. Who gets federal protections under the new law?**

(A) Couples who got married in one state but live in another state

(B) Married couples made up of people of different races

(C) Married couples made up of people of the same sex

(D) All of the above

**2. According to this news report, what happened at the White House to mark this event?**

(A) The building was lit up with lights of various colors.

(B) A party was held for newly married couples.

(C) A rainbow flag was shown.

(D) A fireworks display was held.

ひとつの州で成立した同性婚は
他の州でも尊重されるようになりました。

# バイデン大統領が 同性・異人種間の結婚を法制化

ジョー・バイデン米大統領は、結婚尊重法案に署名し、成立させました。その画期的な法律は、同性間や異人種間のカップルに連邦としての保護を与え、他の州で成立した結婚を有効なものとして扱うように、各州に義務付けるものです。バイデン氏は、誰もが平等な尊厳と敬意をもって遇されなければならないと強調しました。そして、この歴史的な一日を祝うため、ホワイトハウスが虹色にライトアップされました。

(2023年4月号掲載)(訳　編集部)



### 重要ボキャブラリー

| | |
|---|---|
| □ **landmark** [lǽndmɑ̀ːk] | 画期的な、歴史的な |
| □ **interracial** [intərréiʃəl] | 人種を超えた、異人種間の |
| □ **honor** [ɔ́nə \| ɑ́nər] | ～を有効と見なす、有効なものとして扱う |
| □ **emphasize that** [émfəsàiz] | ～であると強調する、力説する |
| □ **dignity** [dígnəti] | 尊厳、尊さ |

### TOEIC-style Questionsの答え

**1.** (D)

**2.** (A)

#### 設問の語注

| | |
|---|---|
| **(be) made up of** | ～から成る |
| **race** | 人種 |
| **the above** | 上記のもの、上述したこと |
| **according to** | ～によると |
| **fireworks display** | 花火大会 |

写真：White House/Wikimedia Commons

## 区切り聞き／シャドーイング

ゆっくり音声［ポーズ入り］ Track 57

ゆっくり音声の適切な個所にポーズ（無言の間）が入れてあります。区切り聞きしてみましょう。
また、ポーズのところで、直前に聞き取った英語を自分で声に出すシャドーイング練習をしてみましょう。
自信がついたら、ポーズなしのゆっくり音声で、さらにはナチュラル音声でも練習してみてください。

US President Joe Biden has signed the Respect for Marriage Act into law.//

The landmark law provides federal protections to same-sex and interracial couples/
and requires states to honor marriages performed in other states.//

Mr. Biden emphasized/
that everyone must be treated with equal dignity and respect.//
And to mark the historic day,/
the White House was lit up in rainbow colors.//

### 語注

**act:**
《タイトル》法律、条例
**sign...into law:**
…に署名して法律として成立させる
**landmark:**
画期的な、歴史的な
**provide A to B:**
AをBに与える
**protection:**
保護、守護
**interracial:**
人種を超えた、異人種間の
**require...to do:**
…に～するよう求める、義務付ける
**honor:**
～を有効と見なす、有効なものとして扱う
**perform:**
～を行う、執り行う
**emphasize that:**
～であると強調する、力説する
**treat A with B:**
BをもってAを扱う
**dignity:**
尊厳、尊さ
**mark:**
～を記念する、祝う
**light up:**
～を明るく照らし出す、ライトアップする

## [反訳]日→英サイトトランスレーション

**ポーズのところで区切った日本語訳です。区切り聞きした英語の意味を確認するほか、日本語を見て区切られた部分ごとに英語に言い換える「反訳」の練習(日→英サイトトランスレーション)をすれば発信型の英語力がアップします。**

米国のジョー・バイデン大統領は、結婚尊重法案に署名し、法律として成立させた。//

その画期的な法律は、同性間や異人種間のカップルに連邦としての保護を与える/
そして各州に、他の州で成立した結婚を有効なものとして扱うように義務付けるものだ。//

バイデン氏は強調した/
誰もが平等な尊厳と敬意をもって遇されなければならないと。//
そしてこの歴史的な一日を祝うため/
ホワイトハウスが虹色にライトアップされた。//

Australian

### ワンポイント解説

□5行目のmarriages performedという部分は、marriages (which/that are) performedと語を補って考えるとよい。なお、ここでのperform a marriageは「結婚式を執り行う」もしくは「(当局者が) 結婚に必要な手続きを行う」の意。

□10行目のrainbow colors(虹色)は多様性の象徴とされる。なお、日本では虹と言えば7色だが、米国や英国では6色であることに注意。

□米国にはかつて、異人種間の結婚を禁じる州法や同性婚を認めない州法が存在した。だが、2022年12月13日にバイデン大統領が結婚尊重法案に署名したことにより、すべての州で合法に行われたあらゆる結婚について連邦政府がその有効性を認めるものと定められ、ひとつの州で合法的に行われた結婚の有効性を他の州も認めるよう義務付けられた。そして、そこには同性間や異人種間の結婚も含まれている。

NEWS 20 ナチュラル音声［1回目］ Track 59 ゆっくり音声［ポーズなし］ Track 61 ナチュラル音声［2回目］ Track 82

オーストラリア英語です。まずは、ナチュラル音声を聞いて内容を推測しましょう。
次に、ページをめくって、ゆっくり音声（ポーズ入り）に進みましょう。

# BTS's Jin Starts Military Service

K-pop supergroup BTS is one member less for now. Jin is the first of the all-male group to take on South Korea's mandatory military service. Fans turned up to see Jin one last time as he reported to base, despite his record label asking them not to. Fans have been overwhelmingly supportive of the band's decision to serve, and look forward to them being together again in the coming years.

Aired on December 13, 2022

## TOEIC-style Questions

内容を正しく把握できたか、TOEIC L&R®テストPart 4形式の問題で確かめましょう。［正解は次ページ］

**1. Why has Jin left BTS?**

(A) Because he decided to begin a solo career

(B) Because he lost popularity among the group's fans

(C) Because he started his military service

(D) Because his record label asked him to

**2. What is reported about how BTS fans have reacted to this development?**

(A) They have expressed support for the decision.

(B) They have protested Jin's leaving the group.

(C) They are looking forward to Jin's first solo album.

(D) They are happy that he has left the band.

BTSのメンバーは、最年長のジンさんから順に
兵役に就くことになりました。

# ファンの声援を背に BTSメンバーが兵役へ

Kポップの超人気グループBTSは、当面、メンバーが1人欠けた状態となります。ジンさんが、この全員男性のグループの最初の1人として、韓国で義務付けられている兵役に就きます。彼が基地に向かう際、彼の所属レーベルがファンにそうしないようお願いしていたにもかかわらず、ファンはジンさんを最後に一目見ようと駆けつけました。ファンは、兵役に就くというグループの決断を全面的に支持し、彼らが数年後に再集結するのを心待ちにしています。

（2023年4月号掲載）（訳　編集部）



### 重要ボキャブラリー

| | |
|---|---|
| □ military service [mílitəri ǀ mílətèri] | 《タイトル》兵役 |
| □ mandatory [mǽndətri ǀ -dətɔ̀ri] | 義務的な、強制的な |
| □ be supportive of [səpɔ́ːtiv] | ～を支持している、応援している |
| □ overwhelmingly [òuvəwélmiŋli] | 圧倒的に |
| □ decision to do [disíʒən] | ～するという決断、決心 |

### TOEIC-style Questionsの答え

1. (C)
2. (A)

**設問の語注**

| | |
|---|---|
| solo | 単独の、ソロの |
| popularity | 人気 |
| react to | ～に反応する |
| development | 展開、進展 |
| express | ～を表す、示す |
| protest | ～に抗議する、異議を申し立てる |

写真：Dispatch/Wikimedia Commons

## 区切り聞き／シャドーイング

ゆっくり音声［ポーズ入り］ Track 60

ゆっくり音声の適切な個所にポーズ（無言の間）が入れてあります。区切り聞きしてみましょう。
また、ポーズのところで、直前に聞き取った英語を自分で声に出すシャドーイング練習をしてみましょう。
自信がついたら、ポーズなしのゆっくり音声で、さらにはナチュラル音声でも練習してみてください。

K-pop supergroup BTS is one member less for now.//
Jin is the first of the all-male group/
to take on South Korea's mandatory military service.//

Fans turned up to see Jin one last time/
as he reported to base,/
despite his record label asking them not to.//

Fans have been overwhelmingly supportive of the band's decision to serve,/
and look forward to them being together again in the coming years.//

語注

**military service:**
《タイトル》兵役
**for now:**
当分は、しばらくは
**take on:**
～を引き受ける、～に挑む
**mandatory:**
義務的な、強制的な

**turn up:**
現れる、やってくる
**one last time:**
最後にもう一度
**report to:**
～に出頭する、出向く
**base:**
基地

**despite:**
～にもかかわらず
**record label:**
レコード・レーベル
**be supportive of:**
～を支持している、応援している
**overwhelmingly:**
圧倒的に

**decision to do:**
～するという決断、決心
**serve:**
軍務に服する、兵役に就く
**in the coming years:**
今後数年のうちに

## ［反訳］日→英サイトトランスレーション

**ポーズのところで区切った日本語訳です。区切り聞きした英語の意味を確認するほか、日本語を見て区切られた部分ごとに英語に言い換える「反訳」の練習（日→英サイトトランスレーション）をすれば発信型の英語力がアップします。**

Kポップの超人気グループBTSは当面、メンバーが1人欠けた状態となる。//
ジンさんがこの全員男性のグループの最初の1人だ/
韓国で義務付けられている兵役に就くのは。//

ファンがジンさんを最後に一目見ようと駆けつけた/
彼が基地に向かう際/
彼の所属レーベルはファンにそうしないようお願いしていたのだが。//

ファンは、兵役に就くというグループの決断に対して、圧倒的な支持を示している/
そして彼らが数年後に再集結するのを心待ちにしている。//



### ワンポイント解説

□6行目のthemはfansを指し、not toの後にはdo so（＝turn up to see Jin）というような語句が省略されている。

□9行目のthemはBTS membersを指している。look forward toは名詞または動名詞を目的語に取るが、動名詞の意味上の主語は、このthemように目的格で示される。

□基本的に韓国の男性は、18～28歳の間に約2年間の兵役に就く義務が課せられている。2020年に可決された法改正により、韓国の国際的地位を高めるのに貢献したアーティストなどは、入隊を30歳まで遅らせることができるようになっている。BTSのメンバーの中では最年長の30歳であるジンさんは、その特例措置を受けたかたち。その他のメンバーも順次兵役に就く予定だという。

## ボキャブラリー・チェック

**重要ボキャブラリーや語注として取り上げたものをまとめてあります。訳語の後ろの数字は、その語いが出てくるニュースの番号を示しています（例：N01=News 01）。そのニュースの文脈を思い出しながら覚えると、語いのニュアンスや使い方も身につきます。**

### A

□ **a growing body of:** 増えつつある～、ますます増加している～ N01
□ **accomplished:** 熟練の、完成された N12
□ **accomplishment:** 業績、実績 N10
□ **act:** 法律、条例 N19
□ **add A to B:** A を B に加える、追加する N10
□ **add to:** ～を増す、増大させる N01
□ **alcohol poisoning:** アルコール中毒、アル中 N15
□ **altogether:** 完全に、すっかり N15
□ **amazing:** 驚くほど素晴らしい、すごい N10
□ **an estimated:** およそ～、推定～ N15
□ **ancient:** 古代の、太古の N03
□ **ankle:** 足首、くるぶし N12
□ **aquarium:** 水族館 N17
□ **archaeologist:** 考古学者 N03
□ **around:** ～くらい、約～ N01
□ **around the globe:** 全世界で、世界中で N05
□ **assassination:** 暗殺 N09
□ **associate:** 仲間、同僚 N06
□ **asteroid:** 小惑星 N14
□ **at a...rate:** …の速度で、ペースで N05
□ **atom:** 原子 N16
□ **aura:** 独特の雰囲気、オーラ N08
□ **avant-garde:**《仏》前衛的な、アバンギャルドの N04

### B

□ **back-to-back:** 連続の、立て続けの N12
□ **badassery:** つわものぶり、猛者っぽさ N08
□ **baguette:** バゲット N02
□ **baker:** パン職人、パン屋の主人 N02
□ **bakery:** パン屋、ベーカリー N02
□ **base:** 基地 N20
□ **be born:** 生まれる、誕生する N13
□ **be due to:** ～が原因である、～のせいである N15
□ **be fed up with:** ～にうんざりしている N17
□ **be happy with:** ～に満足している N17
□ **be known as:** ～として知られる、知られている N12
□ **be OK with:** ～でも構わない、～に甘んじる N17
□ **be on track to do:** ～する軌道に乗っている、～しようとしている N14
□ **be plagued by:** ～に悩まされる、苦しめられる N12
□ **be related to:** ～と関係している N09
□ **be set to do:** ～することになっている、～する予定である N16
□ **be supportive of:** ～を支持している、応援している N20
□ **be titled :** 題は～である、～と題されている N06
□ **become popular:** 人気が出る、人気が高まる N04
□ **bid farewell to:** ～に別れを告げる、別れの挨拶をする N12
□ **bid to do:** ～するための努力、手段 N02
□ **biodiversity:** 生物多様性 N05
□ **bloodthirsty:** 血に飢えた、残忍な N08
□ **bombing:** 爆撃、爆弾投下 N04
□ **breakthrough:** 飛躍的進歩、急進展 N16
□ **breeding:** 繁殖、交配 N13
□ **bury A in B:** A を B に埋める N13

### C

□ **call for:** ～を要求する、求める N05
□ **cancer:** がん、悪性腫瘍 N01, N04
□ **candidate:** 志願者、候補者 N08
□ **carry:** ～を運ぶ N11
□ **catch:** 問題点、難点 N16
□ **cause...to do:** …が～する事態を引き起こす、…に～させる N13
□ **challenging:** やりがいのある N08
□ **chemical:** 化学の、化学的な N01
□ **classified:** 機密扱いの、極秘の N09
□ **climate change:** 気候変動、地球温暖化 N05, N13
□ **cofounder:** 共同創業者、共同創立者 N04
□ **combine A and B:** A と B を結び付ける、結合させる N04
□ **compare:** ～を比較する、対比する N18
□ **competition:** 試合、競技 N12
□ **consider A B:** A を B と見なす、考える N06
□ **conspiracy theory:** 陰謀論、陰謀説 N09
□ **consume:** ～を消費する、費やす N16
□ **county:**（台湾の）県、市 N07
□ **crash into:** ～に衝突する、突っ込む N14
□ **creative:** 創造的な、想像力に富んだ N17
□ **crusty:**（パンなどの）皮が硬い、パリッとした N02
□ **cry tears of joy:** うれし涙を流す N18
□ **cut back:** ～を減らす、控える N15

### D

□ **deadly:** 恐ろしい、ひどい N15
□ **decision to do:** ～するという決断、決心 N20
□ **deflection:** 進路をそらすこと、方向をずらすこと N14
□ **deliberately:** わざと、故意に N14
□ **Democratic Progressive Party:**（台湾の）民主進歩党、民進党 N07
□ **demonstration :** 実演、実証 N14
□ **designation:** 指定、指名 N02
□ **despite:** ～にもかかわらず N20
□ **determine:** ～を決定する、確定させる N13
□ **die from:** ～が原因で死ぬ N04
□ **die off:** 絶滅する、消滅する N05
□ **dignity:** 尊厳、尊さ N19
□ **direct:** ～を監督する、演出する N10
□ **director:** 管理者、指導者 N08
□ **drive:** ～を突き動かす、～の原動力である N05
□ **dual:** 二重の、（相互に関連する）2 つの N05
□ **Dutch:** オランダの、オランダ人の N06

### E

□ **emotion:** 感情 N18
□ **emphasize that:** ～であると強調する、力説する N19
□ **endorsement:** 支持、推薦 N02

□ **engineer:** 工学者、エンジニア N11
□ **estimated:** 推測の、推定の N01
□ **evidence:** （証拠となる）痕跡、証拠 N03, N05
□ **excessive:** 過度の、過剰な N15
□ **existing:** 既存の、従来の N16
□ **expert:** 専門家、熟練者 N06
□ **exterminator:** 害虫駆除者、害獣駆除者 N08
□ **extinction:** 絶滅、消滅 N05

## F

□ **fabric:** 織物、布地 N04
□ **favor:** ～を好む、～に賛成する N07
□ **favorite:** 大好きな、好みの N17
□ **feature-length:** （映画などが）長編の N10
□ **feed:** ～に食べ物を与える、えさを与える N17
□ **figure-skating:** フィギュアスケートの N12
□ **find a way to do:** ～する方法を見つける、発見する N11
□ **find that:** ～であると分かる、結論づける N01
□ **fission:** 核分裂 N16
□ **flowing:** （衣服などが）流れるような、なだらかに垂れている N04
□ **flute:** （楽器の）フルート N06
□ **footprint:** 足跡 N03
□ **for now:** 当分は、しばらくは N20
□ **for the first time:** 初めて、最初に N18
□ **fossil:** 化石 N03
□ **fossilized:** 化石化した、化石の N03
□ **frequent:** 頻繁な、たびたびの N01
□ **fuse:** ～を融合させる、結合させる N16

## G

□ **gain insight into:** ～についての洞察を得る、～をうかがい知る N03
□ **gallery of art:** 画廊、美術館 N06
□ **get this:** 《話》（これから言うことを）よく聞け、なんと N02
□ **give off:** ～を出す、発する N16
□ **God forbid:** とんでもない、そんなことがあってたまるか N14
□ **grab:** ～をさっと手に取る、つかむ N02

## H

□ **hair straightener:** 縮毛矯正用品 N01
□ **hair-straightening:** 縮毛矯正の N01
□ **honor:** ～を有効と見なす、有効なものとして扱う N19
□ **hunter-gatherer:** 狩猟採集民 N03

## I

□ **imitation:** 偽作（ぎさく）、贋作（がんさく）N06
□ **impactor:** 衝突体、インパクター N14
□ **in fact:** 実は、実のところ N12
□ **in the coming years:** 今後数年のうちに N20
□ **increase:** ～を増やす N18
□ **incubate:** ～をふ化させる N13
□ **inflation:** 物価高騰、インフレ N17
□ **injury:** けが、負傷 N12
□ **interracial:** 人種を超えた、異人種間の N19
□ **It appears that:** ～であるように見える、思われる N18
□ **It turns out that:** ～であることが分かる、判明する N17

## J

□ **JFK:** ＝ John F. Kennedy　ジョン・F・ケネディ（第35代米国大統領）N09

## K

□ **keep...doing:** …に～させ続ける N13
□ **Kuomintang:** （台湾の）国民党 N07

## L

□ **lab:** ＝ laboratory　実験室 N11
□ **landmark:** 画期的な、歴史的な N19
□ **last:** 続く、持続する N16
□ **launch:** 開始する、始める N14
□ **legendary:** 伝説的な、伝説になるような N12
□ **light up:** ～を明るく照らし出す、ライトアップする N19
□ **limp:** 片足をひきずること、足の不自由 N04
□ **link A to B:** A を B に結び付ける、関連づける N18
□ **liver disease:** 肝臓病、肝疾患 N15
□ **loaf:** （パンなどの）ひとかたまり、ローフ N02
□ **locate:** ～を見つける、発見する N03

## M

□ **mackerel:** （魚の）サバ N17
□ **mainland China:** 中国大陸、中国本土 N07
□ **make A B:** A を B にする N12
□ **mandatory:** 義務的な、強制的な N20
□ **mark:** ～を記念する、祝う N19
□ **master:** （芸術の）巨匠、名人 N06
□ **mayor:** 市長 N08
□ **meal:** 食事、食べ物 N17
□ **measure:** ～を測る、測定する N18
□ **military service:** 兵役 N20
□ **mission:** （宇宙船の）飛行任務、ミッション N14
□ **mitigation:** 緩和、軽減 N08
□ **mix A with B:** A と B を混ぜる、混ぜ合わせる N17
□ **moon:** （天体の）衛星 N14
□ **murder:** （故意の）殺人、謀殺 N09

## N

□ **needle:** 針、注射針 N11
□ **nuclear fusion:** 核融合 N16
□ **nuclear reactor:** 原子炉 N16

## O

□ **object:** 物、物体 N11
□ **oil:** 油絵、油彩画 N06
□ **once-in-a-generation:** 一世代に一度あるかないかの N10
□ **one last time:** 最後にもう一度 N20
□ **overwhelmingly:** 圧倒的に N20

## P

□ **painting:** 絵、絵画 N06
□ **party head:** 党首 N07
□ **pass A on to B:** A を B に手渡す、伝える N02
□ **penguin:** ペンギン N17
□ **perform:** ～を行う、執り行う N19
□ **pick up:** ～を拾い上げる、持ち上げる N11
□ **pleat:** （スカートなどの）ひだ、プリーツ N04
□ **plummet:** 激減する、急速に落ち込む N05
□ **population:** 生息個体数 N05, N08, N13
□ **power:** ～の原動力となる、～に動力を供給する N16

□ **president:** 大統領、総統 N07
□ **pretty:** かなり、相当 N17
□ **previously:** 以前は、これまでは N09
□ **produce:** 〜を生み出す、生じさせる N13
□ **product:** 製品、商品 N01
□ **prompt:** 〜を引き起こす、誘発する N09
□ **pronounced:** 目立った、明白な N04
□ **protection:** 保護、守護 N19
□ **provide A to B:** A を B に与える N19
□ **publish:** 〜を発表する、公表する N15
□ **pump A into B:** A を B に注入する、送り込む N11
□ **pursue:** 〜を追求する、達成しようとする N07

## Q

□ **quit:** 〜をやめる N15
□ **quit as:** 〜という役職を辞める、〜を辞任する N07
□ **quote:** 引用始め N10

## R

□ **radioactive waste:** 放射性廃棄物 N16
□ **range from A to B:** A から B までにわたる N15
□ **react to:** 〜に反応する N18
□ **reaction:** 反応、リアクション N17
□ **recommend doing:** 〜することを勧める、推奨する N15
□ **record label:** レコード・レーベル N20
□ **refer to A as B:** A を B と呼ぶ、呼称する N10
□ **regularly:** 頻繁に、いつも N04
□ **remaining:** 残っている、残りの N09
□ **remains:** 遺物、遺跡 N03
□ **report:** 〜を報告する、知らせる N01
□ **report to:** 〜に出頭する、出向く N20
□ **require...to do:** …に〜するよう求める、義務付ける N19
□ **retire from:** 〜から引退する、退職する N12
□ **reunion:** 再び一緒になること、再会 N18
□ **reunite A with B:** A を B と再び一緒にする、再会させる N18
□ **reveal:** 〜を公開する、明らかにする N15
□ **risk:** 危険性、リスク N01
□ **rodent:** げっ歯類、げっ歯動物 N08
□ **ruling party:** 与党 N07

## S

□ **safeguard:** 〜を守る、保護する N02
□ **screenplay:** (映画などの) 脚本、台本 N10
□ **sea turtle:** ウミガメ N13
□ **separation:** 分離、別れ N18
□ **serve:** 軍務に服する、兵役に就く N20
□ **share:** 〜を共有する、伝える N09
□ **shed light on:** 〜に光を投じる、〜解明の手掛かりとなる N03
□ **shrink:** 〜を縮小する、減らす N08
□ **sign...into law:** …に署名して法律として成立させる N19
□ **so far:** 今のところ、これまでは N10
□ **somewhat:** 少々、いささか N08
□ **spacecraft:** 宇宙船、宇宙探査機 N14
□ **spider:** クモ N11
□ **statistic:** 統計値、統計量 N15
□ **step down as:** 〜の職を辞任する、〜を辞職する N07
□ **stone tool:** 石器 N03
□ **storyteller:** 語り手、物語作家 N10
□ **straight out of:** 〜から抜け出たような N14
□ **stumble on:** 〜を偶然発見する N03
□ **superglue:** 瞬間接着剤、強力接着剤 N11
□ **survive:** 〜を生き延びる、生き残る N04
□ **swashbuckling:** 向こう見ずな、威勢のいい N08

## T

□ **take on:** 〜を引き受ける、〜に挑む N20
□ **temperature:** 温度、気温 N13
□ **test:** 〜を検査する、調べる N06
□ **test out:** 〜を試す、テストする N14
□ **the amount of:** 〜の量、分量 N18
□ **the CIA:** = the Central Intelligence Agency　米国中央情報局 N09
□ **the Communists:** 共産党 N07
□ **the Ice Age:** 氷河期、氷河時代 N03
□ **the National Archives:** = the National Archives and Records Administration　米国国立公文書記録管理局 (略称 NARA) N09
□ **the next time that:** 次に〜であるとき N02
□ **the opposition:** 反対党、野党 N07
□ **the planet:** 地球 N14
□ **There is no word on:** 〜についての言及はない、情報はない N10
□ **ties with:** 〜との結びつき N07
□ **top priority:** 最優先、最優先事項 N08
□ **topic:** 話題、テーマ N10
□ **treat A with B:** B をもって A を扱う N19
□ **trend:** 傾向、トレンド N13
□ **trigger:** 〜の引き金となる、〜を引き起こす N11
□ **turn A into B:** A を B に変える N11
□ **turn up:** 現れる、やってくる N20

## U

□ **unequivocal:** 疑う余地のない、明白な N05
□ **unexpected:** 予期していなかった、思いがけない N13
□ **unsurprisingly:** 意外でもなく、当然に N15
□ **unsustainable:** 持続可能でない N05
□ **up to:** 最大で〜まで N18
□ **useful:** 役に立つ、有益な N11
□ **uterine-cancer:** 子宮がんの N01

## V

□ **vehicle accident:** 車両事故、自動車事故 N15
□ **volatile:** 不安定な、危険な N16

## W

□ **warn that:** 〜であると警告する、警鐘を鳴らす N13
□ **wolf spider:** コモリグモ N11
□ **wood panel:** 木製パネル N06
□ **work:** 作品、著作物 N06
□ **world heritage:** 世界遺産、世界文化遺産 N02
□ **worldwide:** 世界中で、世界的に N12
□ **WWF:** = the World Wildlife Fund for Nature　世界自然保護基金 N05

## Y

□ **yield:** (土地などが) 〜を産出する、もたらす N03

## Z

□ **zombie:** 生き返った死体の、ゾンビの N11

## MP3音声・電子書籍版(PDF)の入手方法

**本書のご購入者は、下記URLまたはQRコードから申請していただければ、本書のMP3音声と電子書籍版(PDF)を無料でダウンロードすることができるようになります。**

**申請サイトURL**(ブラウザの検索窓ではなく「URL入力窓」に入力してください)
**https://www.asahipress.com/cnnnl/TSspsm23/**

●スマートフォン/タブレットなどで音声再生をされる方は、App StoreまたはGoogle Playから右記のアイコンの音声再生アプリを端末にインストールしてご利用ください。
●パソコンの場合は、通常お使いの音声再生ソフトをご利用ください。

[音声再生アプリ]
**リスニング・トレーナー**

**【注意】**
●PDFは本書の紙面を画像化したものです。
●本書初版第1刷の刊行日(2023年4月10日)より1年を経過した後は、告知なしに上記申請サイトを削除したりMP3音声・電子書籍版(PDF)の配布をとりやめたりする場合があります。あらかじめご了承ください。

[音声&電子書籍版付き]
**CNNニュース・リスニング2023[春夏]**

2023年4月10日 初版第1刷発行

編　集　『CNN English Express』編集部
発行者　原 雅久
発行所　株式会社 朝日出版社
〒101-0065 東京都千代田区西神田3-3-5
TEL: 03-3263-3321　FAX: 03-5226-9599
郵便振替 00140-2-46008
https://www.asahipress.com (HP)　https://twitter.com/asahipress_com (ツイッター)
https://www.instagram.com/cnn.ee (インスタグラム)
印刷・製本　凸版印刷株式会社
DTP　有限会社 ファースト
音声編集　ELEC(一般財団法人 英語教育協議会)
表紙写真　AP / アフロ
装　丁　岡本 健 +

　ISBN978-4-255-01335-0 C0082